AF390651

ISBN : 978-2-487053-00-7
Dépôt légal 2023
Contact : petitprecispouretreprecis@gmail.com

Trevor Johnson

OSEZ PARLER EN PUBLIC

Les clés pour devenir un orateur charismatique

À mon éditeur, pour avoir cru en ce projet et m'avoir donné l'opportunité de partager mes connaissances et expériences. Votre expertise et votre guidance ont été essentielles pour donner forme à ce livre.

Je tiens à remercier mes amis, sans lesquels ce livre aurait été aussi vide que le discours d'un poisson rouge lors d'un concours d'éloquence. Leurs conversations animées et leurs blagues farfelues ont inspiré les pages de cet ouvrage.

Un grand merci à ma famille, qui a supporté mes multiples répétitions de discours dans le salon, même si certains membres ont fini par se cacher derrière les rideaux pour échapper à mes déclamations passionnées.

Je souhaite également exprimer ma gratitude aux participants des ateliers de prise de parole en public, qui ont été les cobayes courageux de mes expériences. Vos sourires compatissants et vos encouragements polis ont été les carburants de ma détermination à vous offrir un livre aussi divertissant qu'instructif.

Enfin, un immense merci à tous ceux qui m'ont dit que je ne serais jamais capable d'écrire un livre sur l'art de s'exprimer en public. Vous m'avez inspiré à prouver le contraire et à faire éclater de rire les lecteurs les plus sceptiques. Votre doute était ma motivation, et votre surprise est ma plus grande récompense

SOMMAIRE

La parole est moitié à celui qui parle, moitié à celui qui
écoute
Michel de Montaigne

Partie 1

LA MAGIE DE LA PAROLE

L'IMPORTANCE D'ÊTRE UN BON ORATEUR POUR INFLUENCER ET CONVAINCRE

Chapitre I
Libérez votre voix

Cette introduction met en évidence l'importance de la prise de parole en public.

Bienvenue dans l'univers captivant de la prise de parole en public ! Vous tenez entre vos mains un guide pratique qui vous permettra de surmonter vos peurs, de développer votre confiance et de devenir un orateur qui sait captiver son audience. Que vous soyez un professionnel, un étudiant ou simplement quelqu'un en quête de nouvelles compétences, ce livre est fait pour vous ! Je suis ravi de vous accompagner dans cette aventure où nous allons explorer les différentes facettes de l'art de parler en public. Mais avant de plonger tête la première, permettez-moi de vous raconter une petite anecdote.

Quand j'ai commencé à exercer mon métier de journaliste, j'étais moi-même terrifié à l'idée de prendre. Rien que l'idée de me retrouver devant plus de deux personnes, les regards braqués sur moi, me donnait des sueurs froides.

Mais un jour, j'ai réalisé que pour évoluer dans ma carrière de journaliste, je devais affronter cette peur et la transformer en une force. J'ai entrepris un voyage passionnant à la découverte des secrets de l'art oratoire. J'ai étudié les grands tribuns de l'histoire, j'ai assisté à des conférences inspirantes et j'ai expérimenté différentes techniques. Petit à petit, ma confiance s'est renforcée et j'ai découvert le pouvoir incroyable de la parole bien utilisée. Maintenant, je suis là pour vous transmettre toutes les clés que j'ai acquises au fil de mon parcours. Dans ce livre, vous trouverez des conseils pratiques, des astuces éprouvées et des exercices stimulants qui vous aideront à vous exprimer avec assurance et charisme devant n'importe quelle audience.

Mais attention, je ne suis pas ici pour vous enseigner un discours figé à reproduire mécaniquement. Au contraire, je vous encourage à trouver votre propre voix, à exprimer votre authenticité et à vous connecter avec votre public d'une manière unique. La prise de parole en public est un art vivant, et chaque orateur a son style, sa personnalité et son histoire à partager.

Préparez-vous à sortir des sentiers battus, à bousculer les règles établies et à explorer de nouvelles façons d'impacter votre auditoire. Nous allons aborder des sujets tels que la confiance en soi, la gestion du trac, la structuration des discours, l'utilisation de la communication non verbale et bien plus encore. Et n'oubliez pas, nous le ferons avec une dose d'humour et de légèreté, car la prise de parole en public peut aussi être une aventure joyeuse et passionnante !

Je vous invite à plonger dans les pages qui suivent avec curiosité et ouverture d'esprit. Préparez-vous à découvrir vos propres talents d'orateur et à éveiller votre potentiel caché. Ensemble, nous allons explorer les clés pour devenir un orateur charismatique qui sait influencer, inspirer et émouvoir son public.

Pourquoi l'Art de la parole en public est important

La prise de parole en public est essentielle pour de nombreuses raisons. Tout d'abord, elle permet de communiquer efficacement avec les autres. En développant ses compétences en prise de parole en public, on peut transmettre ses idées, ses opinions et ses émotions de manière claire et persuasive.

De plus, l'art de la parole en public favorise la création de liens et de relations avec son public. Lorsque l'on s'exprime avec assurance et charisme, on parvient à captiver l'attention de son auditoire, à établir une connexion et à susciter l'intérêt pour ce que l'on dit.

C'est également un outil précieux pour influencer et persuader. Que ce soit pour présenter un projet professionnel, convaincre des investisseurs ou mobiliser un groupe, la capacité à s'exprimer de manière convaincante est cruciale pour atteindre ses objectifs.

En outre, cet exercice renforce la confiance en soi. En surmontant la peur de parler en public et en acquérant des compétences en communication, on gagne en assurance et en estime de soi. Cela se reflète non seulement dans nos présentations, mais aussi dans notre vie quotidienne.

Ne pas oublier que la parole en public est une compétence recherchée dans de nombreux domaines professionnels. Que l'on soit chef d'entreprise, enseignant, avocat, politicien ou simplement un individu souhaitant faire entendre sa voix, savoir s'exprimer en public peut ouvrir des portes, créer des opportunités et favoriser le succès.

Alors, ne laissez pas la peur de prendre la parole en public vous arrêter. Croyez en vous, entraînez-vous, ajoutez une dose d'humour et lancez-vous ! Vous pourriez bien être surpris de voir à quel point vous pouvez briller sur scène. Allez, faites-nous rire, faites-nous réfléchir, et montrez au monde entier votre talent de communicateur. Vous êtes prêt à faire vibrer les foules, alors foncez et éblouissez-nous de votre charisme et de vos paroles incroyables !

Chapitre II

Connaitre son public

De l'importance de connaître son public et comment adapter votre discours en fonction de ses attentes.

Connaître son public... c'est comme essayer de décoder les mystères de l'univers, mais en beaucoup plus drôle ! Savoir à qui vous parlez et ce qu'ils attendent de vous est essentiel pour donner une présentation efficace. Alors, sortez vos jumelles et préparez-vous à explorer l'art subtil de l'adaptation de votre discours en fonction de votre auditoire.

Imaginez que vous ayez été invité à prononcer un discours devant un groupe de jeunes entrepreneurs enthousiastes, tous assoiffés de conseils pour réussir dans le monde des affaires. Leur énergie déborde et leurs esprits sont remplis de rêves audacieux. Votre objectif est de les inspirer, de leur transmettre des connaissances précieuses et de les aider à prendre les bonnes décisions pour atteindre leurs objectifs.

Pour captiver ce public passionné, il est essentiel de créer une connexion dès les premières minutes de votre discours. Commencez par partager une anecdote personnelle qui illustre les défis que vous avez rencontrés en tant qu'entrepreneur, et comment vous les avez surmontés avec ténacité et créativité. Les jeunes entrepreneurs se reconnaîtront dans ces difficultés et se sentiront immédiatement connectés à vous.

Regardez-les attentivement, mais discrètement. Quels sont leurs comportements, leurs expressions faciales ? Ont-ils l'air intéressés, ennuyés ou perplexes ? Vous pouvez en apprendre beaucoup en écoutant attentivement les murmures dans la salle ou en observant les sourires et les hochements de tête approbateurs.

Faites preuve d'empathie en reconnaissant les problèmes spécifiques auxquels ils pourraient être confrontés. Parlez des défis courants tels que le manque de financement, la concurrence féroce ou les doutes personnels. Montrez-leur que vous comprenez leurs préoccupations et que vous êtes là pour les soutenir.

Poursuivez en partageant des conseils pratiques et des stratégies concrètes qui ont fait leurs preuves dans le monde des affaires. Utilisez des exemples d'entreprises célèbres pour illustrer vos points et démontrez comment ils peuvent être appliqués dans des contextes réels. Donnez-leur des outils concrets pour surmonter les obstacles, développer leur réseau professionnel et prendre des décisions éclairées.

N'oubliez pas d'insuffler de l'humour dans votre discours pour maintenir l'attention et créer une atmosphère détendue. Intégrez des histoires drôles liées à l'entrepreneuriat ou des anecdotes amusantes qui feront sourire votre public. L'humour est un excellent moyen de détendre l'atmosphère et de faciliter l'assimilation des informations.

Enfin, terminez votre discours en les incitant à croire en eux-mêmes et à suivre leurs rêves avec détermination.

Rappelez-vous, chaque public est unique et mérite une approche adaptée. En connaissant votre auditoire, en partageant des conseils concrets, en ajoutant une touche d'humour et en les inspirant, vous créerez un discours inoubliable et fort.

Voilà, vous êtes maintenant armé de connaissances pour conquérir le monde de la prise de parole en public en adaptant votre discours à votre auditoire. Alors, n'oubliez pas d'observer, d'ajuster, de captiver et de rester pertinent. Et souvenez-vous, l'humour est votre allié secret pour conquérir les cœurs et les esprits. Allez, surprenez-les et fendez l'armure de l'ennui avec votre discours captivant et votre sens de l'humour imparable ! Rappelez-vous que chaque public est unique, comme une collection de papillons aux couleurs vives. Alors, enfilez votre costume d'adaptation et devenez le maître de la scène !

Même si vous êtes face à un public composé de bureaucrates endormis, assis derrière leur pile de papiers ennuyeux. Leur regard perdu dans le vide, ils semblent déjà avoir déconnecté leur cerveau. C'est à ce moment précis que vous vous dites : « c'est ma chance de les secouer et de les faire sortir de leur torpeur administrative ! ».

Commencez par une anecdote surréaliste qui les fera sourire, quelque chose comme : « Savez-vous que j'ai essayé de remplir un formulaire administratif une fois, mais il était tellement compliqué que j'ai fini par demander un permis de construire pour un château de sable ! ». L'humour est une arme puissante, utilisez-le avec parcimonie et vous verrez les visages ternes s'illuminer.

Puis, plongez dans le vif du sujet en adaptant votre discours à leurs besoins spécifiques. Parlez-leur de solutions pratiques pour simplifier leurs processus bureaucratiques, en utilisant des exemples concrets et des astuces simples. Transformez la complexité en simplicité et vous gagnerez leur admiration.

N'ayez pas peur de vous montrer passionné et énergique dans votre présentation. Montrez-leur que vous êtes là pour les aider à sortir de leur routine monotone. Utilisez des gestes expressifs, des tonalités de voix variées et une posture confiante. En étant dynamique, vous attirerez leur attention et les garderez accrochés à vos paroles.

Et n'oubliez pas, l'interaction est la clé. Encouragez-les à participer en posant des questions, en lançant des défis ou en proposant des jeux. Impliquez-les activement dans votre présentation, car c'est en faisant partie intégrante du processus qu'ils se sentiront concernés.

Enfin, terminez votre discours en beauté. Offrez-leur une conclusion originale, une citation inspirante ou une histoire touchante qui résonnera longtemps dans leur esprit. Faites en sorte qu'ils repartent avec une nouvelle perspective, une motivation renouvelée ou simplement un sourire sur les lèvres.

<u>À retenir</u>:

Commencez par captiver votre auditoire avec une anecdote personnelle.

Observez attentivement le comportement de votre public pour ajuster votre discours.

Montrez de l'empathie en reconnaissant leurs problèmes spécifiques.

Terminez en les inspirant à croire en eux-mêmes et à poursuivre leurs rêves.

Adaptez votre discours en fonction du profil, des besoins et des attentes de votre public.

Soyez passionné, énergique et engageant.

Encouragez l'interaction avec des questions, des défis ou des jeux.

Terminez de manière mémorable avec une conclusion originale.

Chapitre III

L'impact de l'orateur charismatique

Explorez les clés pour devenir un orateur qui inspire, persuade et laisse une impression durable.

La parole est un sport de combat, comme le dit Bertrand Périer dans son ouvrage. Et pour gagner ce combat, il faut être un orateur charismatique. Mais qu'est-ce qu'un orateur charismatique ? Comment peut-il avoir un impact sur son public ? Voici quelques éléments de réponse.

Mais qu'est-ce qui rend ces orateurs si spéciaux ? Et surtout, quel est l'effet qu'ils peuvent avoir sur nous ?

Imaginez la scène : une salle de conférence bondée. Soudain, conférencier fait son entrée en scène. Il dégage une confiance sans faille, sa présence illumine la pièce et son sourire éclatant vous fait instantanément oublier vos soucis. En une fraction de seconde, il vous a déjà conquis. L'impact de l'intervenant est immédiat. Il sait comment attirer notre attention dès les premiers mots. Sa présence magnétique et ses gestes théâtraux créent une connexion instantanée avec son public. Il ne se contente pas de parler, il joue avec les mots, il jongle avec les phrases et il nous embarque dans un tourbillon d'émotions. C'est comme s'il avait un super pouvoir qui lui permettait de lire dans nos pensées et de toucher notre corde sensible.

Mais ce n'est pas tout ! Un orateur est aussi un conteur hors pair. Il ne se contente pas de nous asséner des faits et des chiffres, il enveloppe ses messages dans des histoires captivantes qui nous transportent dans un monde parallèle. Il utilise l'humour pour nous faire rire, des exemples concrets pour rendre ses idées plus tangibles et des anecdotes personnelles pour nous rapprocher de lui. Bref, il sait comment éveiller nos émotions, nous faire réfléchir et nous faire ressentir les choses au plus profond de nous-mêmes.

Et devinez quoi ? Ces conférenciers ont un pouvoir de persuasion incroyable. Leur capacité à exprimer leurs idées de manière claire, convaincante et passionnée les rend extrêmement influents. Ils savent comment créer l'adhésion, susciter l'émotion et motiver les auditoires. Leur discours est comme une symphonie magique, avec des moments de tension, des crescendos palpitants et des pauses dramatiques. Ils utilisent des techniques rhétoriques, des anecdotes percutantes et des arguments solides pour nous convaincre de suivre leur voie.

Mais attention, un intervenant expert n'est pas un manipulateur sans scrupules. Un véritable magicien de la parole utilise son pouvoir avec responsabilité et éthique. Il est conscient de l'impact qu'il peut avoir sur les autres et l'utilise pour inspirer, informer et transformer positivement les vies. Il est un guide bienveillant, prêt à partager son savoir et son expérience pour le bien de tous.

Maintenant, vous vous demandez sûrement si vous aussi vous pouvez devenir un maître de la parole. La réponse est un grand "oui" ! Tout le monde a le potentiel de développer ses compétences en communication et de devenir un orateur charismatique. Bien sûr, certains naissent peut-être avec un talent naturel, mais cela ne signifie pas que les autres sont condamnés à rester dans l'ombre.

Alors, comment y parvenir ? Eh bien, cela demande un peu de travail et de pratique.

Voici quelques pistes pour vous guider :

La maîtrise de la parole

Pratiquez des exercices de respiration profonde pour améliorer votre capacité respiratoire et contrôler votre voix.

Faites des exercices d'échauffement vocal tels que des vocalises, des gammes ou des répétitions de mots et de phrases pour développer votre diction et votre articulation.

Lisez des textes à voix haute pour travailler sur votre élocution, votre rythme et votre intonation. Essayez de lire différents types de textes pour vous exercer à adapter votre ton et votre style en fonction du contenu

Enregistrez-vous en train de parler et écoutez ensuite. Identifiez les parties à améliorer tels que la clarté, la vitesse, les pauses ou le volume.

Pratiquez des exercices de prononciation pour vous entraîner à articuler clairement les mots et les sons. Répétez des mots ou des phrases qui sont particulièrement difficiles pour vous.

Lisez des textes à un rythme plus rapide que votre vitesse normale pour développer votre fluidité verbale. Commencez lentement et augmentez progressivement la vitesse au fur et à mesure que vous vous sentez plus à l'aise.

La confiance en soi

Identifiez vos forces : Prenez le temps de réfléchir à vos compétences, vos réalisations passées et vos qualités personnelles. Faites une liste de vos points forts et rappelez-vous-en lorsque vous vous sentez moins sûr de vous.

Fixez-vous des objectifs réalisables : Établissez des objectifs clairs et réalistes. En atteignant ces objectifs, vous renforcerez votre confiance en vous-même et votre capacité à réussir.

Sortez de votre zone de confort : Faites face à vos peurs et osez relever de nouveaux défis. Chaque fois que vous sortez de votre zone de confort, vous acquérez de l'expérience et gagnez en confiance.

Prenez soin de vous : Prenez soin de votre bien-être physique et mental. Une bonne alimentation, de l'exercice régulier et suffisamment de repos vous aideront à vous sentir mieux dans votre peau et à renforcer votre confiance en vous.

Acceptez les échecs : Ne laissez pas les échecs vous décourager. Voyez-les comme des opportunités d'apprentissage et de croissance. Chaque échec vous rapproche un peu plus de la réussite.

Entourez-vous de personnes positives : Choisissez des personnes qui vous soutiennent et vous encouragent. Évitez les personnes toxiques ou négatives qui sapent votre confiance en vous.

Pratiquez la visualisation et l'affirmation positive : Visualisez-vous en train de réussir et répétez des affirmations positives dans votre esprit. Cette pratique régulière renforcera votre confiance en vous-même.

Apprenez de nouvelles compétences : L'acquisition de nouvelles compétences et connaissances vous aidera à vous sentir plus compétent et confiant dans différents domaines de votre vie.

La capacité à captiver son public

Un orateur amène son sujet pour susciter l'intérêt dès l'introduction. Il va maintenir l'attention tout au long de sa conférence. Il sait comment utiliser des anecdotes, des citations, des questions, des statistiques, des faits marquants pour capter l'attention de son public.

À retenir

Être un orateur charismatique, c'est maîtriser la parole, avoir confiance en soi et savoir captiver son public. C'est un art qui s'apprend et qui demande de la pratique. Mais une fois maîtrisé, il peut avoir un impact considérable sur son public. Alors, n'hésitez pas à travailler votre éloquence pour devenir un orateur charismatique et convaincant !

Qui parle sème ; qui écoute récolte.

Pythagore

Partie 2

LE BON CHOIX

DÉTERMINER LE SUJET DE SON DISCOURS ET LE CONSTRUIRE

Chapitre I

Utiliser le pouvoir des mots et des expressions

Examinez l'impact des mots et des expressions que vous utilisez et apprenez à les choisir pour communiquer de manière persuasive.

Nous allons découvrir comment choisir les mots appropriés, créer des expressions percutantes, pour rendre votre communication encore plus captivante.

La puissance des mots :

Les mots sont bien plus que de simples assemblages de lettres. Ils ont le pouvoir de transformer des idées abstraites en images vivantes, de susciter des émotions profondes et de persuader les esprits. Imaginez un instant que vous avez accès à une baguette magique linguistique, capable de créer des effets spectaculaires dans l'esprit de votre auditoire. Les mots choisis avec soin peuvent créer une connexion puissante avec votre public, les transportant dans un voyage mémorable. Mais comment utiliser ce pouvoir à bon escient ?

Choisissez les mots qui marquent :

Le choix des mots est crucial pour captiver votre auditoire. Évitez le langage formel et académique qui risque de rendre votre discours monotone et ennuyeux. Optez plutôt pour un langage simple, mais évocateur, qui résonne avec votre public. Utilisez des mots chargés d'émotion et d'impact pour créer des images mentales vives. Par exemple, au lieu de dire "intéressant", utilisez des mots comme "fascinant", "captivant" ou "époustouflant". En choisissant des mots qui marquent, vous vous assurez que votre message reste gravé dans les esprits de votre auditoire.

Créez des expressions marquantes :

Pour rendre vos mots encore plus puissants, utilisez des expressions mémorables et percutantes. Les métaphores et les analogies sont des outils particulièrement efficaces pour créer des images mentales vivantes. Par exemple, au lieu de dire "ce projet est complexe", vous pourriez dire "ce projet est un véritable labyrinthe, rempli de défis excitants à surmonter". En utilisant des expressions qui évoquent des images visuelles, vous permettez à votre auditoire de se plonger pleinement dans votre discours et de se souvenir de vos idées.

En maîtrisant le pouvoir des mots et des expressions, vous pouvez devenir un orateur captivant et persuasif.

Choisissez vos mots avec soin, rappelez-vous que chaque mot compte et peut faire la différence entre un discours ordinaire et un discours extraordinaire. Alors, utilisez votre pouvoir avec sagesse et préparez-vous à fasciner et persuader votre auditoire avec vos mots magiques !

Voici quelques exemples de mots magiques ou expressions qui captivent et persuadent :

Imagine : Il peut aider à susciter l'émotion et l'empathie.

Nouveau : Les gens sont souvent attirés par les nouveautés.

Gratuit : Ce mot peut inciter les gens à agir rapidement.

Instantané : Ce mot peut aider à créer un sentiment d'urgence.

Éprouvé : Les gens sont souvent rassurés par les produits ou services qui ont été éprouvés.

Économique : Les gens sont souvent attirés par les offres économiques.

Exclusif : Les gens sont souvent attirés par les offres exclusives.

Garanti : Les gens sont souvent rassurés par les garanties.

Chapitre II

L'utilisation des supports visuels

Des astuces simples pour rendre votre présentation efficace

L'utilisation de supports visuels lors d'une présentation ou d'un discours est essentielle pour plusieurs raisons. Tout d'abord, les supports visuels permettent de rendre votre message plus clair et compréhensible pour votre public. Ils facilitent la transmission des informations en les illustrant de manière visuelle, ce qui aide les personnes à mieux assimiler et retenir les concepts que vous souhaitez transmettre.

En outre, les supports visuels sont un moyen efficace de captiver l'attention de votre public. Les humains sont naturellement attirés par les images et les visuels, ce qui fait que l'utilisation de supports visuels accroît l'engagement et l'intérêt de votre auditoire. Cela vous permet de maintenir leur attention tout au long de votre discours et de maximiser l'impact de votre message.

Les supports visuels peuvent également renforcer la crédibilité de votre discours. Lorsque vous présentez des données, des statistiques ou des faits, les présenter de manière visuelle à l'aide de graphiques, de diagrammes ou d'infographies donne une impression de rigueur et de fiabilité. Cela renforce la confiance que votre public accorde à votre message et à votre expertise.

Enfin, les supports visuels sont également plus facilement mémorisés par notre cerveau que les mots seuls. En utilisant des supports visuels percutants et pertinents, vous augmentez les chances que votre public se souvienne de votre message et des idées clés que vous avez partagées.

En somme, l'utilisation de supports visuels dans vos présentations et discours est un moyen puissant d'améliorer la clarté, la compréhension, l'engagement et la mémorisation de votre message. Que ce soit à travers des images, des graphiques, des vidéos ou des illustrations, les supports visuels ajoutent de la valeur à votre communication et renforcent l'impact de votre discours.

Nous allons explorer les astuces et les techniques pour créer et utiliser des supports visuels qui complètent parfaitement votre discours. Préparez-vous à éblouir votre auditoire avec des présentations qui marquent les esprits !

Lorsque vous décidez des supports visuels à utiliser lors de votre présentation, il est essentiel de choisir ceux qui correspondent le mieux à votre sujet et à votre public. Voici quelques options courantes :

Diapositives PowerPoint : les diapositives PowerPoint sont un excellent choix car elles offrent une structure organisée pour présenter votre contenu. Utilisez des titres clairs, des points clés et des images pertinentes pour soutenir vos idées. Veillez à ne pas surcharger les diapositives avec trop de texte, mais privilégiez des éléments visuels attrayants.

Images : les images sont un moyen puissant d'illustrer vos idées et de susciter des émotions chez votre public. Choisissez des images de haute qualité pour renforcer votre message.

Graphiques et diagrammes : les graphiques et les diagrammes sont très utiles pour présenter des données, des statistiques ou des comparaisons visuelles. Utilisez des graphiques clairs et attrayants pour faciliter la compréhension et la rétention des informations par votre public.

Vidéos : les vidéos sont un excellent moyen de captiver l'attention de votre public et de présenter des informations de manière dynamique. Utilisez des extraits de vidéos ad hoc ou créez vos propres vidéos pour illustrer vos points clés. Veillez à ce qu'elles soient de bonne qualité et adaptées à votre public.

Lors du choix de vos supports visuels, gardez à l'esprit l'objectif principal : soutenir votre discours et renforcer votre message. Optez pour des supports visuels qui sont clairs, persuasifs et qui enjolivent votre présentation. N'hésitez pas à faire preuve de créativité et à adapter vos choix en fonction du contexte et des préférences de votre auditoire.

Création de supports visuels efficaces

Pour créer des supports visuels percutants, voici quelques conseils pratiques :

Simplifiez vos diapositives : évitez les textes trop longs et les éléments visuels chargés. Choisissez des messages clairs et concis, et utilisez des images adéquates pour illustrer vos idées.

Utilisez des couleurs attrayantes : Les couleurs vives et contrastées peuvent attirer l'attention et rendre vos supports visuels plus percutants. Assurez-vous de choisir des couleurs qui correspondent à votre sujet.

Utilisez des animations avec parcimonie : les animations peuvent ajouter du dynamisme à vos supports visuels, mais veillez à ne pas en abuser. Utilisez-les de manière stratégique pour mettre en évidence certains éléments ou pour créer des transitions fluides entre les diapositives.

Testez vos supports visuels :

Avant votre présentation, assurez-vous de vérifier que vos supports visuels fonctionnent correctement et sont bien visibles par tous les membres de votre public. Faites des ajustements si nécessaire pour garantir une expérience visuelle optimale.

Intégrer les différences culturelles et linguistiques

Pour éviter les malentendus, il est important de tenir compte des différences culturelles et linguistiques lors de la création de votre présentation visuelle. Évitez d'utiliser des images ou des couleurs qui peuvent être mal interprétées dans différentes cultures. Vérifiez également que votre présentation est disponible dans différentes langues si vous présentez à un public multilingue.

Explorer les outils et les logiciels de création de présentation visuelle les plus courants est un élément clé pour aider à sélectionner les meilleurs outils pour leur propre utilisation. Parmi les outils les plus populaires, on peut citer :

PowerPoint : ce logiciel de présentation visuelle est l'un des plus utilisés et dispose d'un large éventail de fonctionnalités pour créer des présentations visuellement attractives.

Prezi : c'est une alternative populaire à PowerPoint qui se concentre sur la création de présentations dynamiques et visuellement engageantes.

Canva : il est un outil de conception graphique qui propose une grande variété de modèles et de designs pour créer des présentations visuellement attrayantes.

Google Slides : cette application de présentation en ligne de Google est facile à utiliser et permet une collaboration en temps réel pour faciliter le travail en groupe.

Keynote : une application de présentation visuelle pour Mac qui offre des fonctionnalités avancées pour créer des présentations élégantes et interactives.

<u>À retenir</u>

En utilisant ces outils, il est important de garder à l'esprit que la conception de votre présentation doit être adaptée à votre public. Il est également important de se concentrer sur les éléments visuels qui renforcent votre message et éviter les éléments distrayants.

Chapitre III

Maîtrisez l'art de la narration

Explorez des techniques captivantes pour rendre vos histoires inoubliables

Le storytelling est l'art de raconter des histoires pour captiver l'attention de votre public. Que vous soyez novice en prise de parole en public ou que vous souhaitiez perfectionner vos compétences, l'art de raconter sans ennuyer est une clé essentielle pour captiver votre auditoire. Dans ce chapitre, nous allons plonger dans les profondeurs de la narration, découvrir des techniques puissantes et vous donner les outils nécessaires pour devenir un conteur exceptionnel.

L'importance de la narration

Avant de nous plonger dans les techniques spécifiques, il est essentiel de comprendre pourquoi la narration est si puissante dans la communication. Les histoires ont le pouvoir de capturer l'imagination, d'émouvoir et de susciter l'intérêt de notre public. Elles nous permettent de créer des connexions émotionnelles, de transmettre des messages complexes de manière simple et de retenir l'attention de notre auditoire. La narration est un moyen efficace de rendre vos idées plus accessibles, de créer un lien avec votre public et de rendre votre discours inoubliable.

Construire une structure narrative solide

Pour raconter des histoires captivantes, il est essentiel de construire une structure narrative solide. Vous pouvez utiliser le schéma classique en trois actes, où vous présentez une situation initiale, un conflit et une résolution. Cette structure permet de maintenir l'attention de votre auditoire et de créer un suspense. N'hésitez pas à jouer avec les retournements de situation, les moments de tension et les surprises pour rendre votre histoire encore plus captivante. Une structure narrative bien pensée guidera votre public tout au long de votre discours et rendra votre message plus mémorable.

Utiliser des descriptions vivantes

Les descriptions vivantes sont essentielles pour immerger votre public dans votre histoire. Utilisez des mots évocateurs pour décrire les lieux, les scènes et les émotions. Faites appel aux sens de votre auditoire en utilisant des images visuelles, des sons, des odeurs et des sensations tactiles. Les descriptions précises et détaillées permettent à votre public de visualiser votre histoire et de s'impliquer davantage. N'hésitez pas à utiliser des métaphores et des analogies pour rendre vos descriptions encore plus percutantes.

L'humour, une touche magique

L'humour est une arme puissante dans la narration. Il permet de détendre l'atmosphère, d'attirer l'attention et de créer une connexion avec votre public. Intégrez des anecdotes humoristiques, des jeux de mots ou des situations comiques dans votre récit pour susciter le rire et maintenir l'engagement de votre auditoire. N'oubliez pas que l'humour doit être utilisé avec parcimonie et adapté au contexte. Un soupçon d'humour bien dosé peut transformer votre discours en une expérience mémorable.

Vous avez maintenant exploré les techniques de narration qui vous permettront de raconter des histoires captivantes et de rendre votre discours plus vivant et mémorable. N'ayez pas peur de laisser votre créativité s'exprimer et d'expérimenter différentes approches narratives

<u>À retenir</u>:

Racontez une histoire personnelle pour rendre votre discours plus authentique et plus émotionnel. Les histoires personnelles sont souvent plus captivantes que les histoires abstraites.

Créez du suspense pour maintenir l'attention de votre public. Il existe plusieurs dispositifs qui peuvent augmenter le niveau de suspense de votre histoire. Une façon consiste à raconter une histoire chronologiquement et à construire une conclusion inattendue.

Utilisez une structure narrative pour créer une histoire avec un début, un milieu et une fin, en utilisant les éléments de l'histoire tels que les personnages, les événements et les émotions.

Utilisez des exemples concrets pour illustrer vos idées. Les exemples concrets aident à rendre votre discours plus vivant et plus facile à comprendre.

Utilisez des métaphores pour rendre votre discours plus imagé et plus évocateur. Les métaphores aident à créer des images mentales claires pour votre public.

Identifiez et clarifiez l'objectif de votre histoire. Pour raconter une histoire captivante, vous devez savoir ce que vous voulez communiquer à votre public.

Construisez une trame narrative en conséquence. Il peut se dérouler de la façon suivante : une situation initiale, un élément perturbateur, un déroulement avec une quête ou un objectif et une suite de péripéties, le dénouement et la situation finale

Chapitre IV

Utiliser des exemples concrets et des anecdotes

Découvrez comment intégrer des exemples concrets et des anecdotes captivantes dans vos discours

Parler en public peut parfois être intimidant, mais en incorporant des exemples concrets et des anecdotes dans vos discours, vous pouvez captiver votre auditoire, rendre votre message plus vivant et créer une connexion plus profonde avec votre public.

Les exemples concrets sont des éléments tangibles qui permettent d'illustrer vos propos. Ils peuvent être des chiffres, des faits, des statistiques ou encore des témoignages. Les exemples concrets sont importants car ils permettent à votre public de mieux comprendre votre discours et de se projeter dans les situations que vous décrivez. Prenons un exemple : si vous voulez parler de l'importance de la sécurité routière, vous pouvez donner des chiffres sur le nombre d'accidents de la route chaque année. Mais pour rendre votre discours plus concret, vous pouvez également raconter une anecdote sur un ami ou un membre de votre famille qui a été victime d'un accident de la route. Cette anecdote permettra à votre public de mieux comprendre les conséquences de la sécurité routière et de se sentir concerné par le sujet.

Dans ce chapitre, nous allons explorer différentes façons d'utiliser des exemples concrets et des anecdotes, pour rendre vos présentations plus dynamiques et engageantes.

Les exemples concrets sont des outils puissants pour illustrer vos idées de manière tangible et compréhensible. Par exemple, imaginez que vous parlez de l'importance de la confiance en soi. Au lieu de simplement énoncer des principes abstraits, vous pouvez utiliser l'histoire inspirante de Steve Jobs, le co-fondateur d'Apple, qui a surmonté de nombreux obstacles pour réaliser ses rêves. En racontant son parcours et en soulignant ses réussites, vous permettez à votre public de visualiser les bienfaits de la confiance en soi et de s'y identifier.

Les anecdotes sont des récits personnels ou des histoires qui ajoutent une dimension humaine à votre discours. Elles permettent de créer une connexion émotionnelle avec votre auditoire et de rendre votre message plus mémorable. Par exemple, si vous donnez une présentation sur la résilience, vous pourriez raconter l'histoire d'un alpiniste qui a surmonté d'énormes difficultés pour atteindre le sommet de l'Everest. Cette anecdote captivera l'attention de votre auditoire et les inspirera à faire preuve de résilience face aux défis de la vie.

Lorsque vous cherchez des exemples et des anecdotes à utiliser, assurez-vous qu'ils sont pertinents par rapport à votre sujet et à votre public. Par exemple, si vous parlez de l'importance de la créativité, vous pourriez citer des exemples d'artistes célèbres tels que Léonard de Vinci ou Picasso, qui ont repoussé les limites de l'art avec leur approche novatrice. Ces exemples percutants susciteront l'admiration de votre auditoire et renforceront votre message.

Lorsque vous partagez des exemples concrets et des anecdotes, assurez-vous de les raconter avec passion et authenticité. Mettez-vous dans la peau des personnages de vos histoires, utilisez des expressions faciales et des gestes pour donner vie à vos récits, et si vous racontez une anecdote amusante, laissez transparaître votre sourire et votre enthousiasme pour la rendre encore plus divertissante.

À retenir:

N'oubliez pas que l'utilisation d'exemples concrets et d'anecdotes demande de la préparation et de la pratique. Choisissez des exemples pertinents, racontez vos histoires avec passion et ajustez votre discours en fonction des réactions de votre auditoire. Avec le temps, vous perfectionnerez votre art de la narration et deviendrez un orateur charismatique capable de captiver et d'influencer votre public

Chapitre V

La conclusion percutante

Essayer de conclure votre discours d'une manière qui soit la plus inoubliable possible en résumant vos points clés et en laissant une impression durable sur votre auditoire.

Il faut savoir conclure une conférence, Le dénouement est un élément essentiel de tout speech. C'est le moment où vous récapitulez vos principaux points, réaffirmez votre message clé et laissez une impression durable sur votre auditoire. Une fin bien exécutée peut renforcer votre discours, susciter l'émotion et motiver les personnes présentes à agir. Nous allons explorer différentes techniques pour conclure votre exposé de manière percutante et mémorable.

Récapitulez brièvement **les points clés** que vous avez abordés tout au long de votre discours. Utilisez des phrases claires et concises pour rappeler à votre auditoire les idées principales que vous souhaitez qu'ils retiennent. Assurez-vous que votre résumé est facile à comprendre et qu'il se connecte directement à votre message central.

Une façon intéressante de conclure votre discours est de partager une anecdote ou une histoire qui illustre votre message principal de manière captivante. L'histoire peut être personnelle ou basée sur des faits réels, mais elle doit être pertinente pour votre sujet et susciter l'émotion chez votre auditoire. Une bonne histoire peut créer une connexion émotionnelle avec votre public et rendre votre discours plus mémorable.

 La conclusion est le moment idéal pour susciter l'émotion. Vous pouvez utiliser des mots évocateurs, des descriptions vivantes et des exemples concrets pour créer une ambiance émotionnelle. Que vous souhaitiez inspirer, motiver, ou susciter la compassion, faites appel aux émotions pour les inciter à agir ou à réfléchir davantage sur votre sujet.

Les questions rhétoriques sont un moyen efficace de conclure votre discours en engageant activement votre auditoire. Posez une question puissante qui incite à la réflexion et encourage les personnes présentes à évaluer leur propre compréhension ou expérience liée à votre sujet. Une question bien formulée peut susciter l'intérêt et stimuler la réflexion, tout en soulignant l'importance de votre message.

Les métaphores et les analogies sont des outils puissants pour rendre votre conclusion plus visuelle et facile à comprendre. En utilisant une comparaison saisissante ou une image vivante, vous pouvez aider votre auditoire à saisir pleinement l'essence de votre message. Une métaphore bien choisie peut également renforcer l'impact émotionnel de votre discours et faciliter la rétention des informations.

Terminez avec une citation inspirante : Les citations évocatrices sont un moyen classique de conclure un discours avec force. Choisissez une citation qui est en harmonie avec votre message et qui résonne avec votre auditoire. Voici une citation inspirante qui peut conclure votre discours avec impact : « Le succès n'est pas la clé du bonheur. Le bonheur est la clé du succès. Si vous aimez ce que vous faites, vous réussirez. » - Albert Schweitzer

Cette citation rappelle à votre auditoire l'importance de trouver le bonheur dans ce qu'ils font et comment cela peut conduire au succès. Elle les encourage à poursuivre leurs passions et à s'investir pleinement dans leurs activités, car c'est là que réside la véritable réussite. En concluant avec cette citation, vous motivez votre public à trouver le bonheur dans leurs propres vies et à se donner les moyens de réussir.

N'oubliez pas que la conclusion est la dernière impression que vous laisserez à votre auditoire, alors assurez-vous de la rendre mémorable et percutante. En résumant vos points clés, en utilisant un langage émotionnel, en inspirant votre auditoire et en utilisant des anecdotes ou des citations pertinentes, vous pouvez créer une conclusion qui laisse une impression durable et qui motive votre public à agir.

Résumez vos points clés : Faites un récapitulatif des points importants que vous avez abordés tout au long de votre discours. Résumez brièvement les idées principales pour aider votre auditoire à les retenir.

Soyez clair et concis : Évitez les phrases trop longues ou compliquées. Optez pour une formulation concise et directe pour transmettre votre message de manière claire et compréhensible.

Utilisez un langage émotionnel : Faites appel aux émotions de votre auditoire en utilisant un langage évocateur. Utilisez des mots et des expressions qui suscitent l'intérêt, l'empathie ou l'enthousiasme de votre public.

Inspirez et motivez : Terminez votre discours en inspirant et en motivant votre auditoire. Proposez une vision positive de l'avenir, soulignez l'importance de l'action ou encouragez votre public à poursuivre leurs objectifs.

Terminez avec une citation ou une phrase percutante : Choisissez une citation qui est en harmonie avec votre message et qui résonne avec votre auditoire.

Soignez votre conclusion : Prenez le temps de répéter votre conclusion à voix haute afin de vous assurer qu'elle est fluide, percutante et bien rythmée

À retenir:

Pour une conclusion percutante, récapitulez vos points clés, utilisez un langage fort, inspirez et motivez votre auditoire, utilisez des exemples concrets et terminez avec une note mémorable. En combinant ces éléments, vous pouvez créer une conclusion qui captive votre public et laisse une impression durable.

La mémoire ne filme pas, la mémoire photographie.
Milan Kundera

Partie 3

CONSTRUIRE SON DISCOURS

COMMENT ÉCRIRE ET MÉMORISER LES IDÉES PRINCIPALES DE VOTRE DISCOURS

Chapitre I

Les différents types de discours

*Les différents types de discours (inspirant, informatif, persuasif et divertissant) pour améliorer vos compétences en prise de parole.*Dans cette partie, nous allons explorer les différents types de discours auxquels vous pourriez être confronté et vous fournir des conseils pratiques pour vous améliorer. Que vous soyez amené à prononcer un discours d'inspiration, un discours informatif, un discours persuasif ou tout autre type de discours, il est important de comprendre les spécificités de chaque genre et d'acquérir les compétences nécessaires pour les aborder avec confiance et succès.

Le discours inspirant : ce discours vise à motiver et à susciter des émotions positives chez votre auditoire. Que ce soit lors d'une cérémonie de remise de diplôme, d'un discours de motivation en entreprise ou d'une conférence inspirante, l'objectif principal est de toucher les cœurs et les esprits de votre auditoire. Pour maîtriser ce type de discours, il est essentiel de créer une connexion émotionnelle avec votre public, d'utiliser des anecdotes personnelles et des exemples concrets pour illustrer vos points, et de transmettre un message d'espoir et d'encouragement.

Le discours informatif : le discours informatif vise à transmettre des informations claires, précises et pertinentes à votre auditoire. Que vous présentiez des résultats de recherche, des données statistiques, des instructions étape par étape ou toute autre forme de connaissances, il est important d'organiser vos idées de manière logique et de les présenter de manière compréhensible. Utilisez des supports visuels tels que des diapositives ou des graphiques pour renforcer votre message, et assurez-vous de fournir des exemples concrets pour illustrer vos concepts. Soyez également attentif à l'interaction avec votre public en répondant à leurs questions et en favorisant les échanges.

Le discours persuasif : le discours persuasif vise à convaincre votre auditoire de votre point de vue ou de votre opinion. Que vous cherchiez à influencer une décision, à promouvoir une idée ou à inciter à l'action, il est important d'utiliser des arguments solides, des exemples concrets et des techniques de persuasion efficaces. Structurez votre discours en présentant d'abord votre thèse principale, puis soutenez-la avec des preuves convaincantes et réfutez les objections possibles. Utilisez également des histoires ou des témoignages pour rendre votre discours plus engageant et crédible.

Le discours de divertissement : que vous soyez invité à prononcer un discours lors d'un événement social, d'un dîner de gala ou d'une soirée humoristique, votre objectif principal est de faire rire et de créer une ambiance légère. Utilisez des anecdotes amusantes, des jeux de mots, des blagues appropriées et des histoires divertissantes pour captiver votre public. Soyez conscient de votre ton, de votre langage corporel et de votre timing pour maximiser l'effet comique.

Voici quelques exemples d'adaptation de discours à différents types d'audience :

Lorsque vous vous adressez à une audience qui n'est pas composée de spécialistes, il est important de réduire votre utilisation de termes techniques et de jargon.
Votre ton de voix peut également avoir un impact sur votre discours et votre capacité à communiquer. Si vous vous adressez à une audience jeune, il est préférable d'avoir un ton plus informel et détendu. Si vous vous adressez à un public plus professionnel, il est plus adapté d'avoir un ton plus sérieux et professionnel.
Les exemples que vous utilisez doivent également être adaptés à votre public. Si vous donnez une présentation sur le marketing à des étudiants, vous pouvez utiliser des exemples provenant de l'industrie de la musique ou de la

mode pour les aider à mieux comprendre les concepts. Si vous donnez une présentation sur la finance à un groupe d'investisseurs, vous pouvez utiliser des exemples spécifiques de leur secteur d'activité.

Votre style de présentation doit également être raccord. Si vous vous adressez à une audience jeune, vous pouvez utiliser des images et des vidéos pour les aider à mieux comprendre les concepts. Si vous vous adressez à un public plus âgé, vous pouvez utiliser des tableaux et des graphiques pour illustrer vos points.

<u>À retenir :</u>

Il est nécessaire d'adapter votre exposé à différents types d'auditoires pour communiquer efficacement. En tenant compte de l'âge, du niveau de connaissances, de la culture, du contexte, des objectifs et de la taille de votre public, vous pouvez ajuster votre discours pour qu'il les touche d'une façon optimale.

Chapitre II

Identifier votre objectif

Donnez du Sens à votre Prise de Parole. Apprenez à définir clairement votre objectif de prise de parole en public afin de mieux orienter vos efforts de préparation.

Ah, la prise de parole en public ! Un art qui peut sembler intimidant pour beaucoup, mais qui, avec la bonne préparation et un objectif clair en tête, peut-être une expérience enrichissante et gratifiante. Alors, comment pouvez-vous définir clairement votre objectif de prise de parole en public pour vous assurer que votre discours ait l'impact souhaité sur votre auditoire ? Laissez-moi vous guider à travers les étapes.

Tout d'abord, prenez le temps de réfléchir à ce que vous voulez réellement accomplir avec votre discours.

Posez-vous des questions telles que : Quel message voulez-vous transmettre ? Quel effet voulez-vous avoir sur votre public ? Voulez-vous les informer, les divertir, les inspirer ou les persuader ? Une fois que vous avez identifié l'objectif principal de votre discours, vous pouvez commencer à le préciser davantage.

Prenons un exemple. Supposons que vous soyez invité à prononcer un discours lors d'une conférence sur la sensibilisation à l'environnement. Votre objectif pourrait être de persuader votre auditoire d'adopter des comportements plus respectueux de l'environnement dans leur vie quotidienne. Maintenant, comment pouvez-vous rendre cela plus concret ?

L'humour peut être un outil puissant pour captiver votre auditoire et les aider à se connecter à votre message. Vous pourriez commencer votre discours par une anecdote humoristique sur une expérience personnelle liée à l'environnement. Peut-être que vous avez eu une mésaventure hilarante en essayant de recycler pour la première fois, ou une histoire comique sur votre lutte pour réduire votre empreinte carbone. En utilisant l'humour, vous créez une atmosphère détendue et favorable à l'écoute.

Ensuite, vous pouvez aborder les aspects plus sérieux de votre discours en fournissant des informations concrètes et des exemples tangibles. Vous pourriez partager des statistiques sur les effets néfastes de la pollution ou des histoires inspirantes sur des initiatives environnementales réussies. L'idée est de fournir à votre auditoire des faits intéressants, mais aussi de les toucher émotionnellement en utilisant des récits concrets.

N'oubliez pas d'impliquer votre auditoire dans votre speech. Vous pouvez le faire en posant des questions rhétoriques ou en organisant des activités interactives. Par exemple, vous pourriez demander aux personnes de lever la main s'ils recyclent déjà chez eux, ou de partager des idées sur la réduction des déchets. Cela crée un sentiment d'engagement et d'appartenance, et renforce l'impact de votre message.

Enfin, concluez votre discours en réitérant votre objectif principal et en invitant votre auditoire à passer à l'action. Donnez-leur des conseils pratiques sur les changements qu'ils peuvent apporter dans leur vie quotidienne pour soutenir votre cause. Encouragez-les à partager leurs propres expériences et à devenir des ambassadeurs du changement.

En définitive, définir clairement votre objectif de prise de parole en public vous permet de mieux orienter vos efforts de préparation. Cela vous aide à structurer votre discours de manière cohérente et à sélectionner les informations les plus pertinentes pour atteindre votre objectif. Cela vous permet également de créer une connexion plus forte avec votre auditoire en utilisant des éléments tels que l'humour, des récits concrets et des interactions.

Voici d'autres exemples qui peuvent vous aider à formuler votre objectif :

Vous êtes chargé de faire une présentation lors d'une réunion d'entreprise pour informer vos collègues sur les nouvelles politiques internes. Votre objectif clair pourrait être : "Mon objectif est de fournir à mon public une compréhension claire et précise des nouvelles politiques internes en expliquant les raisons de leur mise en place, les avantages qu'elles apportent et les étapes pratiques à suivre pour les mettre en œuvre".

On vous demande d'animer un atelier de formation sur la gestion du stress au travail. Votre objectif clair pourrait être : "Mon objectif est d'enseigner aux participants des techniques pratiques pour gérer efficacement le stress au travail en leur fournissant des outils, des stratégies et des conseils concrets".

On vous demande de prendre la parole lors d'un événement caritatif pour collecter des fonds pour une cause importante. Votre objectif clair pourrait être : "Il est de divertir et d'émouvoir en utilisant des histoires captivantes, de l'humour et des anecdotes personnelles pour les sensibiliser à la cause et les encourager à faire des dons généreux".

Ces exemples montrent comment un objectif clairement défini peut orienter votre discours et vous aider à atteindre votre intention spécifique lors de vos prises de parole. N'hésitez pas à les adapter en fonction de votre domaine d'expertise et de vos objectifs personnels. Alors, comment pouvez-vous mettre ces conseils en pratique pour définir clairement votre objectif de prise de parole en public ?

Voici quelques étapes à suivre :

Réfléchissez à votre intention principale : Que souhaitez-vous accomplir avec votre discours ? Voulez-vous informer, persuader, divertir ou inspirer votre auditoire ? Identifiez clairement l'objectif principal que vous souhaitez atteindre.

Affinez votre objectif : Une fois que vous avez identifié l'intention principale de votre discours, essayez de la rendre plus spécifique. Par exemple, si votre objectif est d'informer votre auditoire sur l'importance de la protection de l'environnement, vous pouvez préciser que vous voulez les sensibiliser aux effets néfastes de la pollution sur la faune et la flore.

Concluez avec une invitation à l'action : Réitérez votre objectif principal et incitez votre auditoire à passer à l'action. Donnez-leur des conseils pratiques sur les actions qu'ils peuvent entreprendre pour soutenir votre cause.

<u>À retenir</u>:

En définissant clairement votre objectif de prise de parole en public, vous vous donnez une direction claire et vous augmentez vos chances de livrer un discours efficace et mémorable. Alors, n'hésitez pas à prendre le temps nécessaire pour réfléchir à votre objectif et à le préciser avant de vous lancer dans la préparation de votre discours. Vous serez ainsi mieux préparé et plus confiant lors de votre prise de parole en public.

Chapitre III

Structurer votre discours

*Apprenez les différentes structures de discours et découvrez
comment organiser vos idées de manière claire et logique.*

Parler en public peut être une expérience intimidante
pour de nombreuses personnes. Que ce soit lors d'une présentation professionnelle, d'un discours lors d'un événement social ou même lors d'une réunion informelle, il est
essentiel de pouvoir communiquer de manière claire et efficace pour captiver votre auditoire. Une des clés pour y
parvenir est de savoir structurer votre discours de manière
efficace. Dans ce chapitre, nous allons explorer différentes
étapes pour vous aider à structurer votre discours de manière fluide et percutante, en veillant à ce que votre message soit clair, et concis pour votre auditoire.

Identifiez votre objectif principal : Avant de commencer
à structurer votre discours, il est important de déterminer
votre objectif principal. Qu'est-ce que vous voulez

transmettre à votre auditoire ? Quelle est la principale idée ou le message que vous souhaitez faire passer ? En identifiant clairement votre objectif, vous pourrez orienter votre discours de manière cohérente et efficace.

Identifiez votre auditoire : un discours efficace doit être adapté à votre auditoire. Prenez le temps de connaître votre public : quel est son niveau de connaissance sur le sujet, quelles sont ses attentes, quelles sont les préoccupations ou les intérêts qui pourraient influencer sa réception de votre message ? En comprenant votre public, vous pourrez adapter votre discours pour qu'il résonne avec eux de manière plus significative.

Une introduction captivante : utilisez une anecdote, une citation percutante, une statistique intrigante ou une question rhétorique pour susciter l'intérêt de votre auditoire. L'objectif est de créer une connexion immédiate avec votre public et de leur donner envie de vous écouter attentivement tout au long de votre conférence.

Organisez une structure claire : Organisez votre discours en sections claires et logiques. Vous pouvez utiliser différentes approches, telles que la structure chronologique, la structure problématique ou la structure cause-conséquence. Choisissez celle qui convient le mieux à votre message et assurez-vous que chaque section s'enchaîne naturellement.

Utilisez des transitions fluides : Les transitions sont des phrases ou des mots-clés utilisés pour passer d'une idée à une autre et assurer la fluidité de votre discours. Utilisez des mots de liaison tels que "d'abord", "ensuite", "en outre", "en conclusion" pour indiquer les transitions entre vos idées. Cela aidera votre auditoire à suivre facilement votre raisonnement et à rester engagé tout au long de votre discours.

Utilisez des exemples concrets et des histoires : Utilisez des anecdotes personnelles, des cas d'étude, des statistiques ou des témoignages pour étayer vos arguments et donner une dimension concrète à votre discours.

Structurez votre argumentation de manière persuasive : Organisez vos idées de manière à créer une progression cohérente, en commençant par les arguments les plus forts et en les renforçant avec des exemples et des données pertinentes.

Prévoyez des moments d'interaction avec votre auditoire : Un discours efficace ne se limite pas à une simple transmission d'informations. Il est important d'impliquer votre auditoire et de favoriser l'interaction. Prévoyez des moments pour poser des questions, encourager les échanges, ou demander aux membres de l'auditoire de réfléchir à certains sujets.

Concluez efficacement : La conclusion de votre discours est tout aussi importante que son introduction. Résumez brièvement les points clés et réaffirmez votre thèse principale. Terminez par une déclaration mémorable, une question provocatrice ou un appel à l'action pour inciter votre auditoire à réfléchir et à agir. L'objectif est de laisser une impression durable dans l'esprit de votre auditoire et de les inspirer à passer à l'action.

<u>À retenir :</u>

Identifiez votre objectif principal et orientez votre discours en conséquence.

Adaptez votre discours à votre auditoire en tenant compte de leurs attentes et préoccupations.

Utilisez une introduction captivante pour susciter l'intérêt de votre auditoire.

Organisez votre discours de manière claire avec une structure logique.

Utilisez des transitions fluides pour assurer la cohérence de votre discours.

Structurer votre argumentation de manière persuasive en utilisant des faits et des preuves convaincantes.

Concluez efficacement en résumant les points clés et en incitant à l'action.

Chapitre IV

Recherche info désespérément

Les secrets des recherches pour une conférence à succès !

La recherche d'informations est une compétence essentielle dans la préparation d'une conférence à succès. Que vous soyez un étudiant en préparation d'un exposé, un professionnel travaillant sur une présentation importante, ou un conférencier chevronné cherchant à ajouter de nouvelles perspectives à votre discours, la collecte d'informations pertinentes et fiables est la clé pour élaborer un contenu solide et captivant.

Mais parfois, la recherche d'informations peut sembler une quête désespérée, avec des tonnes de résultats contradictoires, des sources douteuses et des informations obsolètes. Ne vous inquiétez pas, car je suis là pour vous aider à démêler cet enchevêtrement d'informations et à vous fournir des conseils pour mener des recherches efficaces et obtenir les secrets des recherches d'info.

La recherche d'informations pertinentes est une étape très importante dans l'élaboration d'une conférence réussie. Elle vous permet d'acquérir une compréhension approfondie du sujet, de renforcer votre crédibilité en tant qu'expert, d'ajouter de la valeur à votre discours grâce à des données originales, d'adapter votre contenu au public cible et de présenter des informations fiables et objectives. Sans une recherche approfondie, votre conférence risque de manquer de substance, d'être peu convaincante et de ne pas répondre aux attentes de votre auditoire.

Pour vous aider, vous pouvez explorer différentes sources, telles que des articles académiques, des publications spécialisées, des rapports de recherche, des livres, des interviews avec des experts, des études de cas, des statistiques et des données pertinentes.

Enfin, la recherche d'informations pertinentes vous permet d'apporter une valeur ajoutée à votre conférence. Vous pouvez présenter des conclusions, des recommandations ou des perspectives nouvelles qui enrichissent la réflexion de votre public. Vous êtes en mesure de partager des insights uniques, des expériences pratiques ou des études de cas qui illustrent vos propos et permettent aux participants de tirer des enseignements concrets de votre présentation.

Un objectif qui doit être clair : quelles sont les principales questions que vous souhaitez aborder ? Quels sont les messages clés que vous souhaitez transmettre ? Cela vous permettra de mieux orienter vos efforts de recherche et de filtrer les informations pertinentes.

L'utilisation de mots-clés pertinents : pour cela, il est important de comprendre le sujet, de brainstormer des mots-clés liés, d'utiliser des synonymes et des termes connexes, d'utiliser des opérateurs booléens (ET/AND/+, OU/OR, SAUF/NOT/-) pour affiner la recherche, de prioriser les mots-clés les plus pertinents, d'utiliser les guillemets pour des expressions spécifiques, d'affiner les résultats si nécessaire, de consulter les suggestions de recherche, et de garder une trace des mots-clés utilisés. En utilisant ces techniques, vous pouvez mieux orienter vos recherches et trouver les informations nécessaires pour élaborer votre conférence avec précision et pertinence.

Explorez les bibliothèques et les bases de données : consultez les catalogues des bibliothèques universitaires, des bibliothèques publiques et des bibliothèques spécialisées pour trouver des livres, des articles de recherche et d'autres documents pertinents. Utilisez également des bases de données en ligne telles que Cain.Info, Persee, Hal, ScienceDirect, PubMed, JSTOR, IEEE Xplore, Google Scholar, etc. pour accéder à des articles scientifiques et académiques.

Utilisez des sources fiables : optez pour des sites web de qualité tels que des sites universitaires, des publications scientifiques, des sources gouvernementales et des experts reconnus dans le domaine. Méfiez-vous des blogs personnels, des forums et des sources non vérifiées qui peuvent contenir des informations trompeuses.

Vérifiez les sources croisées : il est essentiel de confirmer la fiabilité et la validité des informations avant de les inclure dans votre conférence. Si plusieurs sources fiables soutiennent une même information, vous pouvez être plus confiant quant à sa véracité.

Fiabilité et objectivité : en vous appuyant sur des sources fiables et vérifiables, vous évitez les conjectures et les opinions non étayées, ce qui contribue à la crédibilité de votre conférence. Cela vous permet également de faire preuve d'une approche impartiale et équilibrée, en présentant différents points de vue et en étayant vos arguments avec des preuves solides.

Originalité et valeur ajoutée : en explorant différentes sources, vous pouvez découvrir des études récentes, des exemples concrets, des statistiques pertinentes ou des anecdotes captivantes qui enrichissent votre discours. Cela vous permet de proposer un contenu original et intéressant, qui se démarque des conférences traditionnelles.

Prenez des notes organisées : créez un système de notation ou utilisez des outils numériques tels que des applications de prise de notes pour organiser vos idées, vos citations et vos références. Cela facilitera la création de votre plan de conférence et vous évitera de perdre de précieuses informations.

Exploitez les réseaux professionnels : Connectez-vous avec des experts, des chercheurs ou des professionnels de votre domaine d'intérêt sur des plateformes comme LinkedIn. N'hésitez pas à les contacter pour obtenir des conseils, des recommandations de lecture ou même des entretiens qui pourraient enrichir votre contenu.

Soyez curieux et persistant : explorez différentes pistes, posez des questions, soyez ouvert à de nouvelles idées. La persévérance est la clé pour découvrir des informations précieuses qui feront la différence dans votre conférence.

<u>À retenir</u>:

En suivant ces conseils, vous serez en mesure de mener des recherches efficaces et de collecter les secrets des recherches d'informations pour élaborer une conférence à succès. N'oubliez pas de rester à jour avec les dernières informations, de trier les informations pertinentes et de les présenter de manière captivante lors de votre conférence. Bonne recherche et bonne chance pour votre présentation !

Chapitre V

L'art de la communication verbale

Découvrez les techniques essentielles pour améliorer votre communication verbale

La communication verbale fait référence à l'utilisation des mots, du langage parlé et de la voix pour transmettre des informations, exprimer des idées, partager des émotions et établir des connexions avec les autres. C'est l'un des principaux moyens de communication utilisés par les êtres humains dans les interactions quotidiennes.

Elle englobe la parole, les conversations, les présentations, les discours, les débats et toutes les formes de communication qui impliquent l'utilisation des mots parlés. Elle comprend également l'utilisation de la voix, du ton, du débit et de l'intonation pour communiquer des nuances de sens et des émotions.

La communication verbale joue un rôle essentiel dans la vie quotidienne, tant sur le plan personnel que professionnel. Elle permet de transmettre des idées de manière claire, de résoudre des problèmes, de partager des informations, de persuader et d'influencer les autres. Une communication verbale efficace implique d'adapter son langage et son style à l'auditoire, d'être clair et précis dans ses messages et de favoriser une écoute active et une compréhension mutuelle.

Il est important de noter que la communication verbale ne se limite pas aux mots eux-mêmes, mais englobe également d'autres éléments non verbaux tels que les expressions faciales, les gestes, les postures et le contact visuel, qui complètent et renforcent le message verbal.

En somme, la communication verbale est un aspect crucial de notre vie sociale et professionnelle, permettant de créer des liens, de transmettre des informations et de partager des expériences grâce à l'utilisation habile des mots et de la voix.

La communication verbale fait référence à l'utilisation des mots, du langage parlé et de la voix pour transmettre des informations, exprimer des idées, partager des émotions et établir des connexions avec les autres. C'est l'un des principaux moyens de communication utilisés par les êtres humains dans les interactions quotidiennes.

C'est un domaine vaste et complexe qui englobe de nombreux aspects. Tout d'abord, la communication verbale concerne l'utilisation des mots pour transmettre des messages. Les mots sont les outils fondamentaux de la communication, et leur choix, leur arrangement et leur utilisation appropriée sont essentiels pour communiquer efficacement. Il s'agit de trouver les mots justes, d'utiliser un langage clair et compréhensible, et d'adapter son discours en fonction de l'auditoire.

La communication verbale comprend également la manière dont nous utilisons notre voix pour communiquer. L'intonation, le débit, le volume et le ton de la voix jouent un rôle crucial dans la transmission du sens et des émotions. Une voix monotone peut rendre un discours ennuyeux et peu engageant, tandis qu'une voix expressive et dynamique peut captiver l'attention de l'auditoire.

En plus des mots et de la voix, la communication verbale implique également la capacité à écouter activement. Écouter attentivement est une compétence essentielle pour une communication efficace. Cela signifie accorder une attention soutenue à l'interlocuteur, comprendre ses messages, poser des questions pertinentes et répondre de manière appropriée. L'écoute active favorise une meilleure compréhension mutuelle et contribue à établir des relations solides.

Un autre aspect important de la communication verbale est la capacité à s'exprimer de manière persuasive et influente. Savoir comment structurer son discours, présenter des arguments convaincants, utiliser des exemples pertinents et captiver l'auditoire avec des anecdotes sont des compétences essentielles pour communiquer de manière persuasive. La maîtrise de ces techniques permet de susciter l'intérêt, de convaincre et d'influencer les autres.

Enfin, la communication verbale ne se limite pas seulement aux interactions en face à face, mais englobe également les présentations publiques, les discours et les débats. La capacité à s'exprimer en public est une compétence précieuse dans de nombreux domaines, que ce soit en affaires, dans le cadre professionnel ou dans la vie sociale. Savoir comment structurer son discours, gérer le trac, utiliser des supports visuels percutants et adapter son langage à l'auditoire sont autant d'éléments essentiels pour réussir dans la communication verbale en public.

En conclusion, l'art de la communication verbale englobe l'utilisation habile des mots, de la voix et de l'écoute active pour transmettre des messages clairs, persuasifs et engageants. C'est une compétence qui peut être développée et affinée avec la pratique et l'apprentissage continu. En maîtrisant les différentes dimensions de la communication verbale, on peut devenir un orateur charismatique, capable de captiver, d'influencer et de créer des connexions significatives avec les autres.

Pour améliorer sa communication verbale, voici quelques conseils pratiques :

Pratiquez régulièrement : Comme pour toute compétence, la pratique est essentielle pour améliorer sa communication verbale. Cherchez des occasions de parler en public, de participer à des conversations et de présenter des idées. Plus vous vous exercerez, plus vous gagnerez en confiance et en aisance.

Écoutez activement : La communication verbale ne se limite pas à parler, mais aussi à écouter. Soyez un auditeur attentif en accordant une véritable attention à votre interlocuteur. Posez des questions, faites preuve d'empathie et montrez que vous êtes réellement intéressé par ce qu'il dit. L'écoute active renforce la compréhension mutuelle et favorise des échanges plus constructifs.

Soyez clair et concis : Utilisez un langage clair et évitez les termes techniques ou le jargon excessif, sauf si vous vous adressez à un public spécifique qui comprend ces termes. Essayez d'exprimer vos idées de manière simple et concise, en évitant les digressions ou les phrases trop longues. La clarté de vos propos facilite la compréhension et maintient l'attention de votre auditoire.

Travaillez sur votre prononciation et votre diction : Une bonne prononciation et une diction claire sont importantes pour une communication verbale efficace. Entraînez-vous à prononcer correctement les mots, à articuler distinctement et à moduler votre voix. Vous pouvez également consulter des ressources en ligne ou suivre des cours de diction pour améliorer ces aspects.

Utilisez des exemples concrets et des anecdotes : Pour rendre votre discours plus vivant et captivant, utilisez des exemples concrets et des anecdotes qui illustrent vos points. Les histoires et les exemples concrets aident à rendre l'information plus tangible et permettent à votre auditoire de se connecter émotionnellement à votre discours.

Soyez conscient de votre langage non verbal : La communication verbale ne se limite pas aux mots, mais inclut également votre langage corporel, vos expressions faciales et votre ton de voix. Assurez-vous d'avoir une posture ouverte et détendue, faites preuve de gestes naturels et utilisez votre visage pour exprimer vos émotions. Veillez à ce que votre langage non verbal soit en accord avec vos paroles.

Étudiez et observez de bons communicateurs : Apprenez des meilleurs communicateurs qui vous inspirent. Étudiez leur façon de s'exprimer, leur style de communication, leur utilisation de l'humour, de la rhétorique et des pauses. Observez comment ils captivent leur auditoire et adaptez ces techniques à votre propre style.

Sollicitez des feedbacks : Demandez à des personnes de confiance de vous donner des feedbacks sur votre communication verbale. Ils peuvent vous aider à identifier vos points forts et vos faiblesses, et vous donner des conseils spécifiques pour vous améliorer. Soyez ouvert aux critiques constructives et utilisez-les comme une occasion d'apprentissage.

<u>À retenir :</u>

L'amélioration de la communication verbale passe par la pratique, l'écoute active, la clarté, l'utilisation d'exemples concrets, la maîtrise de votre langage non verbal, l'étude des bons communicateurs et les feedbacks. Soyez patient et persévérant, car l'amélioration de cette compétence demande du temps et de l'engagement.

Chapitre VI

Se connecter avec son auditoire

Découvrez comment établir une connexion authentique avec votre auditoire pour mieux transmettre votre message et influencer positivement.

Lorsque vous vous tenez devant un public, que ce soit lors d'une présentation, d'une conférence ou d'un discours, vous aspirez à bien plus que simplement transmettre des informations. Vous voulez avoir un impact, influencer positivement les pensées et les émotions de votre auditoire, et créer une connexion durable. C'est là que l'importance de la connexion avec l'auditoire entre en jeu.

Établir une connexion authentique avec votre auditoire est bien plus qu'une simple compétence de communication. C'est une combinaison d'art et de science qui vous permet de créer un lien émotionnel avec les personnes qui vous écoutent. Lorsque vous parvenez à établir cette connexion, vous devenez un orateur charismatique et puissant, capable de captiver et d'influencer votre auditoire de manière positive.

Mais pourquoi est-il si essentiel de développer cette connexion ? Tout d'abord, lorsque vous créez une atmosphère de confiance et d'authenticité, votre auditoire est plus enclin à vous écouter attentivement. Ils se sentent compris et en sécurité pour exprimer leurs propres pensées et émotions. Cela ouvre la voie à une communication efficace et à une réception plus réceptive de votre message.

De plus, une connexion authentique favorise l'engagement de l'auditoire. Lorsque les gens se sentent connectés à vous en tant qu'orateur, ils sont plus enclins à être attentifs, à poser des questions, à participer activement et à retenir l'information que vous transmettez. Cela augmente considérablement vos chances d'influencer positivement leurs opinions, leurs croyances et leurs comportements.

Alors, comment pouvez-vous établir cette connexion authentique avec votre auditoire ? C'est ce que nous explorerons dans ce chapitre. Nous vous présenterons des stratégies et des techniques pratiques pour vous aider à mieux transmettre votre message, à captiver votre auditoire et à influencer positivement. De l'utilisation de l'écoute active à la narration d'histoires captivantes, en passant par la création d'un environnement chaleureux et inclusif, nous vous guiderons étape par étape pour développer cette connexion précieuse.

Voici quelques conseils pour y parvenir :

Soyez authentique : L'authenticité est la clé pour établir une connexion sincère avec votre auditoire. Soyez vous-même, ne cherchez pas à jouer un rôle ou à imiter quelqu'un d'autre. Les gens sont plus enclins à s'engager avec quelqu'un qui est authentique et transparent.

Montrez de l'empathie : Mettez-vous à la place de votre auditoire et essayez de comprendre leurs besoins, leurs préoccupations et leurs émotions. Montrez-leur que vous vous souciez de leur bien-être et que vous comprenez leurs perspectives. Cela crée un lien émotionnel et favorise l'écoute active.

Utilisez un langage clair et accessible : Adaptez votre langage et votre vocabulaire en fonction de votre auditoire. Évitez les termes techniques complexes ou le jargon qui pourrait les perdre. Utilisez des mots simples et des phrases claires pour vous assurer que votre message est compréhensible par tous.

Racontez des histoires : Les histoires sont un puissant outil de communication qui permet de créer une connexion émotionnelle avec votre auditoire. Utilisez des anecdotes personnelles, des exemples concrets ou des histoires inspirantes pour illustrer vos idées et rendre votre discours plus vivant et captivant.

Établissez un contact visuel : Le contact visuel est une façon puissante de créer une connexion avec votre auditoire. Regardez les gens dans les yeux, balayez la salle avec votre regard et maintenez une présence visuelle engageante. Cela montre que vous êtes attentif et que vous vous adressez directement à eux.

Soyez ouvert à la discussion : Encouragez l'interaction avec votre auditoire en posant des questions, en sollicitant leurs réactions ou en les invitant à partager leurs propres expériences. Créez un environnement d'échange et de dialogue, où les gens se sentent à l'aise de participer et de contribuer à la discussion.

Utilisez des supports visuels : Les supports visuels tels que des images, des graphiques ou des vidéos peuvent renforcer votre message et faciliter la compréhension. Ils peuvent également susciter des émotions et maintenir l'attention de votre auditoire. Veillez cependant à ne pas surcharger votre présentation avec trop de supports visuels.

<u>À retenir:</u>

Soyez authentique et évitez de jouer un rôle.

Montrez de l'empathie en comprenant les besoins et les émotions de votre auditoire.

Utilisez un langage clair et accessible, en évitant le jargon.

Établissez un contact visuel en regardant les gens dans les yeux.

Encouragez l'interaction et la participation de votre auditoire.

Utilisez des supports visuels de manière mesurée pour renforcer votre message.

Chapitre VII

La voix comme outil de communication efficace

L'importance de la modulation vocale dans la communication

La voix est un outil de communication puissant qui peut être utilisé efficacement pour transmettre un message. De nombreuses personnalités publiques et orateurs influents ont utilisé leur voix à leur avantage pour captiver leur public et transmettre leur message de manière efficace.

L'un des exemples les plus connus est Martin Luther King Jr. Il était connu pour son discours "I have a dream", dans lequel il a utilisé sa voix forte et puissante pour transmettre son message d'égalité et de liberté pour tous les citoyens américains. Son utilisation de la voix a aidé à galvaniser le mouvement des droits civiques et a inspiré des générations de personnes à lutter pour l'égalité.

Barack Obama est également connu pour sa capacité à utiliser sa voix pour transmettre des messages forts et inspirants. En tant que 44e président des États-Unis, il a prononcé de nombreux discours célèbres, notamment son discours sur la race à Philadelphie en 2008, où il a abordé le problème de la discrimination raciale aux États-Unis.

En France, Simone Veil est une figure politique qui a utilisé sa voix pour transmettre un message important. En tant que ministre de la santé, elle a joué un rôle clé dans la légalisation de l'avortement en France en 1975. Son discours éloquent devant l'Assemblée nationale lors de la discussion de la loi a contribué à sensibiliser le public à la nécessité d'un tel changement.

Apprendre à moduler votre voix pour exprimer différentes émotions et nuances est essentiel pour captiver l'attention de votre auditoire et transmettre votre message de manière vivante et engageante. Voici quelques techniques pour améliorer votre capacité à moduler votre voix :

Votre voix a différents registres, du grave à l'aigu. Expérimentez avec ces registres et apprenez à les utiliser pour exprimer différentes émotions. Par exemple, une voix plus grave peut être utilisée pour exprimer de la confiance ou de la gravité, tandis qu'une voix plus aiguë peut être utilisée pour exprimer de l'excitation ou de l'enthousiasme.

Une articulation claire et précise est essentielle pour que votre message soit compris par votre auditoire. Entraînez-vous à prononcer correctement chaque mot et à articuler distinctement chaque syllabe. Cela contribuera à une meilleure compréhension de votre discours et à une communication plus efficace.

La projection vocale consiste à projeter votre voix de manière à ce qu'elle puisse être entendue clairement même dans de grandes salles. Pratiquez des exercices de projection vocale en vous tenant droit, en utilisant votre diaphragme et en parlant avec une voix pleine et puissante. Cela permettra à votre voix de porter et d'atteindre tous les membres de votre auditoire.

Les pauses et les silences peuvent être utilisés de manière stratégique pour créer du rythme et de l'impact dans votre discours. Apprenez à utiliser les pauses pour marquer des moments importants, laisser l'information se déposer chez votre auditoire et créer une anticipation. Les pauses bien placées peuvent captiver l'attention de votre auditoire et rendre votre discours plus engageant

En pratiquant régulièrement ces techniques et en vous familiarisant avec les différentes possibilités de modulation de votre voix, vous serez en mesure de communiquer avec plus de vivacité, d'expressivité et de conviction. Votre message se propagera avec clarté et assurance, captivant ainsi l'attention de votre auditoire de manière plus efficace et engageante.

Aligner vos gestes et votre langage corporel avec votre voix est essentiel pour renforcer votre message et créer une présence charismatique sur scène.

Voici quelques points clés pour vous aider à synchroniser votre voix et vos mouvements :

Adoptez une posture droite et ouverte qui exprime confiance et engagement. Évitez de vous recroqueviller ou de vous appuyer excessivement sur un support. Une posture forte et équilibrée envoie des signaux positifs à votre auditoire.

Les gestes peuvent renforcer votre discours en ajoutant une dimension visuelle à vos mots. Utilisez des gestes naturels et fluides pour illustrer vos points clés, souligner des idées importantes et donner de l'énergie à votre discours. Évitez les gestes excessifs ou répétitifs qui pourraient distraire votre auditoire.

Votre ton de voix et vos gestes doivent être cohérents pour transmettre votre intention. Par exemple, si vous exprimez de l'enthousiasme, utilisez des gestes énergiques et dynamiques. Si vous voulez souligner quelque chose de sérieux, adoptez des gestes plus calmes et mesurés. Veillez à ce que vos gestes reflètent l'émotion et le message que vous souhaitez transmettre.

Déplacez-vous sur scène de manière fluide et délibérée. Utilisez l'espace pour créer des transitions entre les idées ou pour attirer l'attention sur des points importants. Gardez à l'esprit que votre mouvement doit être intentionnel et significatif, plutôt que désordonné ou sans but.

Maintenez un contact visuel avec votre public : Le contact visuel est essentiel pour établir une connexion avec votre auditoire. Regardez les personnes présentes dans la salle et maintenez un contact visuel régulier avec elles. Cela montre votre engagement et votre authenticité, renforçant ainsi votre présence charismatique.

En synchronisant habilement votre voix, vos gestes et votre langage corporel, vous créez une présence scénique puissante et captivante. Vous transmettez votre intention de manière claire et cohérente, ce qui maintient l'attention de votre public et renforce l'impact de votre message. Pratiquez régulièrement ces techniques pour développer une présence charismatique et créer une expérience mémorable pour votre auditoire.

<u>À retenir:</u>

La modulation vocale permet d'exprimer différentes émotions et nuances, captivant ainsi l'attention de l'auditoire.

La maîtrise de l'articulation, de la projection vocale et des pauses stratégiques contribue à une communication claire et efficace.

L'alignement de la voix avec le langage corporel renforce le message et crée une présence charismatique sur scène.

La posture, les gestes naturels et fluides, le mouvement délibéré et le maintien du contact visuel sont des éléments clés pour une communication convaincante.

La synchronisation de la voix, des gestes et du langage corporel crée une présence scénique puissante et captivante.

Chapitre VIII

Savoir improviser en cas d'imprévu

Apprenez à improviser et à vous adapter aux imprévus, afin de maintenir votre confiance et votre impact.

Ah, l'improvisation ! C'est un peu comme jouer au funambule sans filet, mais avec beaucoup plus de rires et de sourires. Vous savez, parfois la vie nous lance des pièges inattendus, mais c'est dans ces moments-là que nous pouvons vraiment briller en improvisant avec panache. La capacité à improviser est un atout précieux pour tout orateur. Parfois, malgré une préparation minutieuse, des imprévus surviennent pendant une présentation. Que ce soit une question inattendue de l'auditoire, un problème technique ou une perturbation extérieure, cette capacité peut faire la différence entre une présentation réussie et un moment embarrassant. Nous allons explorer l'importance de l'improvisation, fournir des conseils pratiques et partager des exemples pour illustrer ces principes.

Alors, voici quelques astuces pour vous aider à devenir un maître de l'improvisation :

Restez calme et concentré : Lorsqu'un imprévu se produit, il est essentiel de rester calme et concentré. Prenez une profonde inspiration, recentrez-vous et laissez votre créativité prendre le relais. La panique ne fera qu'aggraver la situation, alors rappelez-vous que vous avez les compétences nécessaires pour improviser avec succès.

Écoutez attentivement : Lorsque vous êtes confronté à une situation imprévue, écoutez attentivement ce qui est dit ou ce qui se passe autour de vous. Cela vous permettra de comprendre le problème et de réagir de manière appropriée. Soyez attentif aux questions aux commentaires ou aux signaux non verbaux de votre auditoire, car cela peut vous donner des indications sur la direction à prendre.

Adoptez une attitude positive : L'improvisation peut être un moment excitant et stimulant si vous l'abordez avec une attitude positive. Voyez-le comme une opportunité de montrer votre flexibilité et votre capacité à vous adapter. Laissez-vous inspirer par l'énergie de l'instant et trouvez le plaisir dans le défi de l'imprévu.

Utilisez l'humour à bon escient : L'humour est un outil puissant pour détendre l'atmosphère et captiver votre auditoire. Si un imprévu survient, trouvez un moyen de l'aborder avec humour. Cela peut aider à dédramatiser la situation et à maintenir l'engagement de votre public. N'ayez pas peur de rire de vous-même ou de créer des jeux de mots légers pour détendre l'atmosphère.

Faites appel à vos connaissances et à votre expérience : Lorsque vous improvisez, puiser dans vos connaissances et votre expérience peut vous aider à trouver des solutions créatives. Utilisez des exemples concrets, des histoires personnelles ou des analogies pertinentes pour illustrer votre point de vue. Cela renforcera votre crédibilité et votre connexion avec votre auditoire.

Soyez flexible et adaptable : L'improvisation exige de la flexibilité et de l'adaptabilité. Soyez prêt à ajuster votre discours ou votre plan initial en fonction de la situation. Soyez ouvert aux idées et aux suggestions de votre auditoire, car cela peut enrichir votre présentation et créer une expérience plus engageante pour tous.

Pratiquez l'improvisation : La meilleure façon de maîtriser l'improvisation est de la pratiquer régulièrement. Exercez-vous à improviser lors de réunions informelles, de rencontres sociales ou même dans des situations quotidiennes. Par exemple, essayez de répondre spontanément à des questions lors de conversations avec des amis ou de collègues, ou improvisez une petite histoire basée sur une situation donnée. Plus vous vous entraînerez à improviser, plus vous deviendrez à l'aise dans l'art de réagir de manière spontanée et créative.

Faites preuve de confiance en vous : L'improvisation exige de la confiance en soi. Croyez en vos capacités et en votre expertise. Rappelez-vous que vous avez déjà réussi à surmonter des obstacles dans le passé et que vous êtes capable de faire face à tout imprévu qui se présente. Faites preuve d'assurance dans votre discours et votre langage corporel, car cela inspirera confiance à votre auditoire.

Utilisez des techniques de communication efficaces : Même en improvisation, certaines techniques de communication peuvent vous aider à vous exprimer clairement et à maintenir l'attention de votre auditoire. Utilisez des structures simples et concises, utilisez des mots puissants et évocateurs, et utilisez des pauses stratégiques pour souligner vos points importants. Assurez-vous également d'adapter votre langage à votre public, en évitant le jargon technique ou les termes complexes qui pourraient les perdre.

Acceptez les erreurs avec un sourire : Dans l'improvisation, les erreurs sont inévitables. Mais devinez quoi ? C'est tout à fait normal et même hilarant ! Ne vous inquiétez pas si vous mélangez les noms, les lieux ou les situations. Souriez, reconnaissez l'erreur et transformez-la en une opportunité de créer un moment comique. Les meilleurs moments d'improvisation naissent souvent des erreurs les plus folles. Faites confiance à votre créativité débordante :

L'improvisation, c'est laisser libre cours à votre imagination délirante. Ne soyez pas timide, laissez vos idées les plus farfelues s'exprimer et ne vous préoccupez pas du jugement des autres. Après tout, c'est l'audace qui rend l'improvisation si amusante !

Sachez rebondir comme un chat : Parfois, les choses ne se déroulent pas comme prévu. Peut-être que vous oubliez un mot, que vous trébuchez sur une phrase ou que votre esprit se met en mode pause. Pas de panique ! Faites preuve d'autodérision, rebondissez avec style et transformez cette situation en une blague mémorable. L'improvisation, c'est l'art de transformer les erreurs en moments hilarants.

Jouez avec vos partenaires de scène : L'improvisation est rarement un one-man-show. Vous êtes entouré de coéquipiers prêts à sauter dans l'action avec vous. Soyez attentif à leurs idées, écoutez et réagissez avec enthousiasme. C'est une danse créative où personne ne connaît les pas à l'avance, mais ensemble, vous pouvez créer des moments magiques.

Soyez audacieux avec votre langage : Dans l'improvisation, les mots sont votre outil principal. Jouez avec eux, jonglez avec les expressions, inventez de nouveaux mots loufoques. Laissez votre esprit s'échapper dans un tourbillon de jeux de mots et de phrases insolites. L'improvisation, c'est la liberté de s'exprimer avec des mots qui font rire et réfléchir.

Faites preuve de confiance en vous : L'improvisation demande une bonne dose de confiance en soi. Croyez en votre capacité à improviser, à trouver des réponses intelligentes et à être drôle. N'oubliez pas que vous êtes sur scène pour divertir et faire sourire, alors lâchez prise et laissez votre charisme naturel briller.

<u>À retenir:</u>

Il est possible de faire des erreurs. Ne laissez pas cela vous décourager. Acceptez les erreurs comme des opportunités d'apprentissage et de croissance. Si vous dites quelque chose qui n'est pas tout à fait correct ou si vous ne trouvez pas immédiatement la réponse à une question, ne vous en faites pas. Restez ouvert et prêt à vous corriger, et utilisez ces moments pour montrer votre authenticité et votre humilité.

En adoptant une attitude positive, en utilisant l'humour, en étant flexible et en pratiquant régulièrement, vous pouvez développer votre capacité à improviser avec succès.

N'ayez pas peur des imprévus, mais plutôt considérez-les comme des occasions de briller et de montrer votre adaptabilité.

Alors, lancez-vous, soyez créatif et faites preuve de confiance en votre capacité à improviser. Votre auditoire sera captivé et vous serez prêt à relever tous les défis qui se présentent sur votre chemin de l'improvisation.

Chapitre IX

Comment accrocher votre auditoire dès le début

Apprenez des techniques pour créer des ouvertures qui captent immédiatement l'attention et suscitent l'intérêt dès les premiers instants.

Alors, comment pouvez-vous créer une ouverture marquante et accrocher votre public dès les premiers instants ? Dans ce chapitre, nous explorerons différentes techniques pour vous aider à ouvrir votre conférence de manière captivante et percutante.

Créez l'intrigue avec une anecdote énigmatique

Vous montez sur scène, le regard brillant d'excitation, et vous commencez avec une petite histoire intrigante. Un récit qui suscite la curiosité et les transporte dans un univers parallèle. Cela peut être une anecdote personnelle, une expérience unique ou même une histoire fictive qui se rapporte à votre sujet. En utilisant cela, vous plantez les graines de l'intrigue et incitez votre auditoire à vouloir en savoir plus. C'est une façon efficace de créer une connexion instantanée avec votre public.

Utilisez une question rhétorique qui fait mouche

Les questions rhétoriques sont des questions posées pour provoquer la réflexion plutôt que pour obtenir une réponse réelle. Cela peut être une question qui défie les attentes, qui remet en question une idée préconçue ou qui suscite une réflexion profonde. Par exemple, si vous parlez de l'importance de la créativité, vous pourriez commencer par demander : « Qu'est-ce qui vous empêche d'être aussi créatif que vous le souhaitez ? » Cette question incite votre public à se remettre en question et à s'engager dans votre discours.

Surprenez avec une statistique sensationnelle

Les statistiques peuvent être puissantes pour captiver votre auditoire. Choisissez une statistique surprenante, choquante pour susciter l'intérêt et attirer l'attention. Par exemple, si vous parlez de durabilité environnementale, vous pourriez commencer par dire : « savez-vous que chaque année, nous produisons suffisamment de plastique pour envelopper la Terre quatre fois ? » Ce type de statistique place immédiatement votre auditoire dans un état d'étonnement et les incite à écouter attentivement la suite de votre discours.

Partagez une citation inspirante

Les citations peuvent être une excellente façon de donner le ton et d'inspirer votre auditoire dès le début de votre discours. Choisissez une citation pertinente et inspirante qui se rapporte à votre sujet et qui résonne avec votre public. Cela peut être une citation d'une figure historique, d'un leader d'opinion ou même d'un personnage de fiction. Par exemple, si vous parlez de leadership, vous pourriez commencer par citer : « le plus grand danger pour la plupart d'entre nous n'est pas que notre objectif soit trop élevé et que nous le manquions, mais qu'il soit trop bas et que nous l'atteignions. » Cette citation puissante de Michel-Ange révèle l'importance de se fixer des objectifs ambitieux et de viser haut dans la vie. En l'utilisant comme ouverture de votre discours, vous invitez votre auditoire à réfléchir à leurs propres objectifs et aspirations, et à se demander s'ils visent suffisamment haut. Cette citation inspirante est un moyen efficace d'accrocher votre public dès le début et de les encourager à poursuivre votre discours avec engagement et intérêt.

Imaginez-vous debout au sommet d'une montagne, les bras grands ouverts, prêt à embrasser les opportunités qui se présentent à vous. Cette image représente la sensation que nous recherchons tous lorsque nous entamons un nouveau chapitre de notre vie, que ce soit en affaires, dans notre carrière ou dans nos relations personnelles. Aujourd'hui, je vous propose de plonger dans l'art de captiver votre auditoire dès le début d'un discours, de les intriguer, de les émerveiller et de les amener à vouloir en savoir plus.

Parce qu'un début percutant est la clé pour maintenir l'attention et susciter l'intérêt tout au long de votre présentation.

. Enfin, n'oubliez pas l'importance de l'humour pour créer une ouverture captivante. Une blague bien placée ou une anecdote humoristique peut instantanément détendre l'atmosphère et établir une connexion positive avec votre public. Cependant, assurez-vous que l'humour utilisé est approprié à la situation et ne vise pas à offenser qui que ce soit. L'humour peut être un puissant outil pour captiver votre auditoire, mais utilisez-le avec parcimonie et veillez à ce qu'il soit en harmonie avec le ton global de votre discours.

Les principales questions à se poser :
Pourquoi l'ouverture d'un discours est-elle si importante ? L'ouverture d'un discours est cruciale car elle permet de capter l'attention de votre auditoire et de susciter leur intérêt pour le sujet que vous allez aborder. Une ouverture percutante crée une première impression positive, établit une connexion émotionnelle et motive votre public à rester engagé tout au long de votre présentation.

Comment puis-je trouver une anecdote personnelle pertinente pour mon discours ? Pour trouver une anecdote personnelle pertinente pour votre discours, réfléchissez à des expériences vécues qui sont en lien direct avec le sujet que vous allez aborder. Pensez aux moments marquants de votre vie où vous avez pu surmonter des défis, apprendre des leçons importantes ou vivre des événements qui ont changé votre perspective. Choisissez une anecdote qui est pertinente, authentique et qui peut susciter l'intérêt et l'émotion de votre auditoire.

Comment puis-je utiliser l'humour de manière appropriée dans mon discours ? L'humour est un outil puissant pour engager votre auditoire, mais il est important de l'utiliser de manière appropriée. Évitez les blagues offensantes ou déplacées et assurez-vous que l'humour est en accord avec le ton global de votre discours. Utilisez des anecdotes humoristiques, des jeux de mots ou des situations comiques qui sont pertinentes pour votre sujet et qui peuvent être appréciées par votre public. Faites preuve de subtilité et d'équilibre pour maintenir une atmosphère agréable et professionnelle.

Comment puis-je maintenir l'attention de mon auditoire tout au long de mon discours ? Outre une ouverture captivante, il est essentiel de maintenir l'attention de votre auditoire tout au long de votre présentation. Utilisez des transitions fluides entre les différentes parties de votre discours, utilisez des exemples concrets et des histoires intéressantes pour illustrer vos points, et engagez votre public en posant des questions ou en les invitant à participer activement. Variez également votre ton et votre rythme de parole pour éviter de devenir monotone. Enfin, soyez bien préparé, maîtrisez votre sujet et transmettez votre passion et votre énergie à travers votre discours.

Quelle est l'importance de la spécificité et du contexte dans une ouverture captivante ? La spécificité et le contexte sont essentiels pour créer une ouverture captivante qui résonne avec votre auditoire. En fournissant des détails concrets, des exemples précis ou des références spécifiques à votre public ou à l'événement, vous montrez que vous avez fait vos devoirs et que vous vous adressez directement à eux. Cela crée une connexion plus profonde et suscite un intérêt accru. Veillez à adapter votre ouverture en fonction du contexte de votre discours, en tenant compte de la culture, des valeurs et des attentes de votre public.

<u>À retenir</u> :

L'ouverture d'un discours est le moment crucial pour capter l'attention. En utilisant des techniques telles que les questions rhétoriques, les anecdotes personnelles, les statistiques choquantes et l'humour, vous pouvez créer une ouverture efficace qui suscitera l'intérêt et l'engagement de votre public. Ces différentes approches permettent d'établir une connexion émotionnelle, de stimuler la réflexion et de provoquer la curiosité de votre auditoire, les incitant ainsi à vouloir en savoir plus sur le sujet que vous allez aborder.

Chapitre X
La persuasion et l'influence

Apprenez à les utiliser de manière éthique lors de vos prises de parole

La persuasion et l'influence sont des compétences essentielles pour captiver et convaincre lors de votre conférence. Dans ce chapitre, nous explorerons les principes fondamentaux de la persuasion et de l'influence, ainsi que des stratégies pour les utiliser de manière éthique lors de vos prises de parole.

L'utilisation de techniques de persuasion et d'influence est un véritable atout pour devenir un orateur charismatique et convaincant. En maîtrisant ces méthodes, vous serez en mesure de transmettre votre message de manière percutante et d'influencer positivement votre auditoire.

Cependant, il est essentiel de toujours exercer ces techniques avec responsabilité et intégrité. La persuasion et l'influence doivent être utilisées dans un but constructif, en respectant les valeurs et les intérêts de votre auditoire. La confiance et l'authenticité restent les fondements d'une connexion solide avec votre public.

N'oubliez pas que la persuasion et l'influence ne reposent pas uniquement sur des mots, mais également sur votre communication non verbale. Votre langage corporel, votre voix et votre expression faciale doivent être en harmonie avec votre discours pour renforcer son impact et créer une connexion émotionnelle avec votre auditoire.

Enfin de compte, la clé de la persuasion et de l'influence réside dans votre capacité à comprendre votre auditoire, à présenter des arguments convaincants et à créer une expérience mémorable. Avec une pratique régulière et une volonté de vous améliorer, vous pourrez affiner vos compétences en persuasion et devenir un orateur charismatique capable d'influencer positivement les autres.

Alors, osez utiliser ces techniques de persuasion et d'influence dans vos prises de parole en public. Laissez votre voix résonner et inspirez votre auditoire à agir. Vous êtes prêt à devenir un maître de la persuasion persuasive et à transformer vos discours en véritables moments de conviction et d'impact.

Comprendre la persuasion et l'influence

La persuasion est l'art de convaincre les autres d'adopter votre point de vue, d'accepter vos idées ou de prendre une action spécifique. Elle repose sur des principes psychologiques et des techniques de communication puissantes. L'influence, quant à elle, consiste à exercer un pouvoir subtil sur les pensées et les comportements des autres. Lorsque

100

vous maîtrisez ces compétences, vous pouvez devenir un communicateur plus efficace et inspirant.

Les principes de persuasion

Pour persuader efficacement, vous devez comprendre les principes qui sous-tendent l'art de convaincre. Voici quelques principes clés :

L'autorité est un facteur puissant dans la persuasion. Les personnes ont tendance à être plus enclines à suivre les conseils ou les opinions de ceux qu'elles perçoivent comme étant des experts ou des autorités dans leur domaine. Pour utiliser ce principe de manière éthique, assurez-vous de fonder vos arguments sur des preuves solides et crédibles et de démontrer votre expertise dans le sujet abordé.

La réciprocité est le principe selon lequel les gens ont tendance à répondre de manière positive lorsque quelque chose leur est offert ou qu'un geste amical est fait envers eux. Vous pouvez appliquer ce principe en offrant de la valeur ajoutée à votre auditoire, que ce soit sous forme de conseils, d'informations utiles ou de ressources pertinentes. En faisant preuve de générosité, vous suscitez le désir de répondre positivement à votre message.

Les gens ont tendance à se conformer à leurs engagements antérieurs et à agir de manière cohérente avec leurs valeurs et leurs croyances. Encouragez votre auditoire à s'engager dans de petites actions en lien avec votre message, puis renforcez ces engagements au fur et à mesure de votre présentation. Veillez à rester cohérent dans vos propos et vos actions pour maintenir la confiance et la crédibilité.

Lorsque vous cherchez à influencer votre auditoire, il est essentiel de le faire de manière éthique et responsable. Voici quelques stratégies pour influencer de manière éthique lors de vos prises de parole :

L'authenticité est la solution pour établir une connexion réelle avec votre auditoire. Soyez vous-même et partagez vos valeurs, vos expériences et vos émotions de manière sincère. Les gens sont plus enclins à être influencés par quelqu'un qu'ils perçoivent comme étant authentique et véritable.

L'écoute est une compétence essentielle pour influencer de manière éthique. Accordez une attention réelle à votre auditoire, écoutez leurs préoccupations, leurs besoins et leurs questions. En répondant de manière empathique, vous montrez que vous vous souciez de leur bien-être et de leurs intérêts, ce qui renforce votre crédibilité et votre influence.

Lorsque vous présentez des arguments ou des idées, soutenez-les avec des preuves solides et crédibles. Cela peut inclure des données, des études scientifiques, des exemples concrets ou des témoignages. En fournissant des preuves de qualité, vous renforcez la confiance de votre auditoire et augmentez l'impact de votre message.

Adaptez votre langage et votre style de communication
Pour influencer efficacement, adaptez votre langage et votre style de communication en fonction de votre

auditoire. Utilisez un langage clair, simple et accessible, évitez le jargon technique et utilisez des exemples concrets qui résonnent avec votre public. En vous adaptant à leur style de

L'objectif ultime de l'influence éthique est d'inspirer à l'action. Fournissez à votre auditoire des actions concrètes qu'ils peuvent entreprendre pour mettre en pratique vos idées. Motivez-les à passer à l'action en soulignant les bénéfices qu'ils peuvent en retirer et en démontrant comment cela peut avoir un impact positif sur leur vie.

<u>À retenir :</u>

Comprendre les besoins et les attentes de votre auditoire est crucial pour une communication persuasive.

Établir une relation de confiance avec votre auditoire favorise l'acceptation de votre message.

L'utilisation de preuves solides renforce la crédibilité de votre argumentation.

Il est important de respecter l'éthique en utilisant ces techniques de manière responsable.

Adapter votre discours et votre approche à votre auditoire accroît votre influence.

L'évaluation de vos résultats et l'ajustement de votre approche vous permettent de progresser en tant que communicateur persuasif

Chapitre XI

Comment intégrer l'humour dans vos discours de manière subtile

Techniques pour intégrer l'humour de manière subtile et efficace dans vos discours

L'humour est une arme secrète pour captiver votre auditoire et rendre votre message plus mémorable. Lorsque vous intégrez de l'humour dans vos discours, vous créez un lien émotionnel avec votre public, ce qui facilite leur engagement et leur réceptivité à votre message. L'humour permet également de détendre l'atmosphère et de créer une ambiance positive, ce qui rend votre présentation plus agréable et encourage l'attention soutenue de votre auditoire.

Vous êtes sur le point de donner un discours important, vous avez préparé votre présentation, vous avez répété votre texte, mais il vous manque quelque chose. Vous voulez que votre auditoire soit captivé, que votre message soit mémorable, et vous voulez que votre présentation soit engageante. Alors, comment y parvenir ? La réponse est simple : utilisez l'humour. L'humour est un outil puissant pour captiver votre auditoire et rendre votre message plus engageant. Mais attention, il ne s'agit pas de faire des blagues à tout bout de champ. L'humour doit être utilisé avec subtilité pour être efficace. Voici quelques conseils pour intégrer l'humour dans vos discours de manière subtile.

Comment savoir si vos plaisanteries sont efficaces

Il existe des études qui montrent que l'humour peut aider à retenir les informations transmises lors d'un discours. Par exemple, une étude menée par les chercheurs de l'université de Vienne a montré que l'humour pouvait aider les étudiants à mieux retenir les informations transmises pendant un cours. Une autre étude, menée par les chercheurs de l'université de Californie à Los Angeles, a montré que les présentations humoristiques étaient mieux retenues que les présentations ennuyeuses.

Voici quelques exemples de discours célèbres qui ont utilisé de l'humour :

Barack Obama lors du dîner des correspondants de la Maison Blanche en 2013 a utilisé l'autodérision. Il a commencé en disant : "Je suis très heureux d'être ici ce soir, même si je me rends compte que pour certains d'entre vous, c'est la dernière fois que vous me verrez". Il a ensuite enchaîné avec une série de blagues sur sa propre image publique.

Ellen DeGeneres une humoriste américaine, lors de la remise remise de diplôme de l'Université de Tulane en 2009 a commencé son discours en disant : "Je suis très honorée d'être ici aujourd'hui. L'année dernière, j'ai reçu un doctorat honorifique de l'Université de Tulane. Donc, techniquement, je suis docteur Ellen DeGeneres... mais ne me demandez pas de vous sauver la vie, parce que je ne suis pas un vrai docteur". Elle a ensuite enchaîné avec une série de blagues sur les étudiants et leur a rappelé de ne pas avoir peur de l'échec.

Jerry Seinfeld un humoriste américain a déclaré : "Le public se souvient de l'humour. Ils ne se souviennent pas de vos idées." Cette citation souligne l'importance de l'humour dans la mémorisation d'un discours.

En France François Hollande l'ancien président de la République est connu pour son sens de l'humour. Dans son discours de victoire après les élections présidentielles de 2012, il a plaisanté en disant qu'il allait gouverner avec une « normalité exemplaire ». Cette phrase est rapidement devenue célèbre et a été largement reprise par les médias.

Comment utiliser des anecdotes pour faire passer votre message

Choisissez des anecdotes pertinentes qui sont en lien avec le sujet de votre discours. Les histoires doivent illustrer ou renforcer le message que vous souhaitez transmettre. Par exemple, si vous parlez de l'importance de la persévérance, vous pouvez partager une expérience personnelle où vous avez surmonté des obstacles pour atteindre un objectif. Veillez à ce que vos anecdotes soient authentiques et véridiques, car le public peut détecter la sincérité et se connecter davantage avec vous.

Ensuite, structurez vos anecdotes de manière claire et concise. Introduisez l'histoire en fournissant les détails nécessaires pour que votre auditoire comprenne le contexte. Développez ensuite le récit en décrivant les événements de manière vivante et en utilisant des éléments descriptifs pour susciter l'imagination des auditeurs. Terminez en tirant une leçon ou en faisant le lien avec le message principal que vous souhaitez transmettre. Cette structure permet de maintenir l'attention de votre public et de rendre votre anecdote plus percutante.

N'oubliez pas d'utiliser l'humour dans vos anecdotes. L'humour est un excellent moyen de captiver l'attention et de créer une atmosphère détendue. Intégrez des éléments comiques ou des punchlines bien placées pour faire rire votre public. Cependant, assurez-vous que l'humour est approprié et en accord avec le ton de votre discours. Soyez conscient de la sensibilité de votre auditoire et évitez les blagues qui pourraient être offensantes ou déplacées.

Lorsque vous racontez une anecdote, utilisez des gestes, des expressions faciales et des variations de voix pour rendre votre récit vivant et captivant. Impliquez votre public en les encourageant à s'imaginer dans la situation que vous décrivez. Créez une atmosphère d'échange en posant des questions rhétoriques ou en incitant les auditeurs à réfléchir sur leur propre expérience. Cette interaction permet d'engager le public et de renforcer l'impact de votre anecdote.

Enfin, veillez à la durée de vos anecdotes. Gardez à l'esprit que vous avez un temps limité pour votre discours, il est donc important de choisir des histoires qui s'intègrent bien dans le temps imparti. Évitez de vous égarer dans des détails non essentiels et gardez le récit concis et captivant. Si vous avez plusieurs anecdotes à raconter, sélectionnez celles qui sont les plus percutantes et les mieux adaptées à votre message.

En conclusion, l'utilisation d'anecdotes dans votre discours peut être un moyen puissant de captiver votre auditoire et de faire passer votre message de manière mémorable. Choisissez des récits pertinents, structurez-les de manière claire et concise, utilisez l'humour de manière appropriée et veillez à maintenir l'attention de votre public. Les anecdotes vous permettent de créer un lien émotionnel avec votre auditoire, de rendre votre discours plus vivant et de faciliter la mémorisation de votre message.

Veillez également à la durée de vos anecdotes. Tenez compte du temps imparti pour votre discours et sélectionnez des histoires qui s'intègrent harmonieusement dans cette plage horaire. Évitez de vous égarer dans des détails superflus qui pourraient diluer l'impact de votre récit. Soyez concis et allez droit au but en choisissant les éléments les plus pertinents et percutants de votre histoire.

Enfin, pratiquez et peaufinez vos anecdotes avant votre discours. Assurez-vous de bien connaître vos histoires et de pouvoir les raconter avec aisance. Répétez-les à voix haute pour affiner votre narration et ajuster votre ton. Plus vous vous familiarisez avec vos anecdotes, plus vous serez confiant et capable de les présenter de manière captivante lors de votre discours.

-Choisissez des anecdotes pertinentes qui illustrent ou renforcent votre message.
-Structurez vos anecdotes de manière claire et concise : introduction, développement, conclusion.
-Utilisez l'humour de manière appropriée pour rendre vos anecdotes plus engageantes.
-Animez vos récits avec des gestes, des expressions faciales et des variations de voix pour les rendre vivants.
-Impliquez votre auditoire en posant des questions rhétoriques et en les encourageant à réfléchir.
Soyez conscient de la durée de vos anecdotes et évitez de vous égarer dans des détails superflus.
-Pratiquez et peaufinez vos anecdotes pour les raconter avec aisance et confiance.

En utilisant ces conseils, vous serez en mesure d'intégrer des anecdotes de manière fluide et captivante dans votre discours. Les anecdotes permettent de rendre votre présentation plus vivante, d'attirer l'attention de votre public et de faciliter la mémorisation de votre message. Alors n'hésitez pas à partager vos expériences personnelles, des récits inspirants ou des histoires amusantes pour rendre votre discours inoubliable et laisser une impression positive sur votre auditoire.

Connaître votre public :

La première étape pour intégrer l'humour dans votre discours est de connaître votre public. Vous devez savoir ce qui les fait rire, ce qui les intéresse et ce qui les motive. Si vous ne connaissez pas votre public, il est difficile de savoir quel type d'humour utiliser.

Utiliser l'autodérision :

L'autodérision est un excellent moyen d'utiliser l'humour de manière subtile. En vous moquant de vous-même, vous montrez à votre auditoire que vous êtes humain, que vous n'êtes pas parfait et que vous êtes capable de rire de vous-même. Cela peut également aider à briser la glace et à créer une atmosphère plus détendue.

Être conscient de son image : l'humour doit être adapté à votre image et à votre message. Si vous êtes un orateur sérieux, vous ne pouvez pas utiliser le même type d'humour qu'un comédien

Éviter les blagues stéréotypées :

Les blagues stéréotypées sont souvent faciles à faire, mais elles peuvent également être offensantes pour certaines personnes. Évitez les blagues qui se moquent des gens en fonction de leur race, de leur sexe, de leur orientation sexuelle ou de leur religion.

Utiliser l'humour pour souligner un point important :

L'humour peut également être utilisé pour souligner un point important. Si vous voulez que votre auditoire se souvienne d'un point spécifique, utilisez l'humour pour le faire. Cela peut aider à rendre votre message plus mémorable et à garder l'attention de votre auditoire.

Pratiquer, pratiquer, pratiquer :

Enfin, la clé pour intégrer l'humour dans votre discours de manière subtile est la pratique. Répétez votre discours plusieurs fois et essayez différentes blagues ou anecdotes pour voir ce qui fonctionne le mieux. N'ayez pas peur d'essayer quelque chose de nouveau et de sortir de votre zone de confort.

<u>À retenir :</u>

L'humour est un outil puissant pour captiver votre auditoire et rendre votre message plus engageant. Mais il doit être utilisé avec subtilité pour être efficace. En connaissant votre public, en utilisant l'autodérision, en évitant les blagues stéréotypées, en utilisant l'humour pour souligner un point important et en pratiquant votre discours, vous pouvez intégrer l'humour de manière subtile et efficace dans vos présentation

Chapitre XII

Développer une gestuelle efficace

Comment utiliser efficacement votre gestuelle et votre langage corporel pour renforcer votre message

Vous savez, ce n'est pas seulement ce que vous dites, mais aussi la façon dont vous le dites qui compte. Votre corps peut parler plus fort que vos mots, alors autant en tirer profit pour créer un impact mémorable lors de vos présentations. Voici quelques astuces pratiques pour exploiter votre gestuelle et votre langage corporel comme un pro.

Tout d'abord, pensez à votre posture. Ne vous inquiétez pas, je ne vais pas vous demander de vous tenir comme une statue grecque ! Mais gardez à l'esprit que la façon dont vous vous tenez envoie un message subtil à votre auditoire. Évitez de vous affaler ou de vous recroqueviller, car cela donne l'impression que vous êtes désintéressé ou peu sûr de vous. Au contraire, tenez-vous droit, les épaules détendues et ouvertes. Imaginez que vous êtes un super-héros prêt à sauver la présentation !

Ensuite, parlons des mains. Oui, ces drôles de choses attachées à vos bras ! Ne les laissez pas pendre comme des nouilles ou les fourrer dans vos poches comme si vous cherchiez vos clés perdues. Utilisez-les pour donner vie à vos paroles ! Faites des gestes naturels et expressifs pour accompagner vos idées. Vous pouvez les utiliser pour montrer la taille d'un objet, faire une démonstration imaginaire ou simplement souligner un point important. Mais attention, n'en faites pas trop non plus ! Vous ne voulez pas donner l'impression d'être un chef d'orchestre déchaîné ou un magicien qui fait des tours de passe-passe avec ses mains.

Et n'oublions pas le pouvoir du contact visuel. Regardez votre public dans les yeux, ou du moins dans leur direction générale. Ne fixez pas une seule personne comme si elle avait un morceau de salade entre les dents, mais balayez la salle avec votre regard. Engagez visuellement chaque personne présente et montrez-leur que vous êtes là pour eux. Et si vous êtes trop timide pour regarder directement dans les yeux, vous pouvez toujours vous rabattre sur leur front. Mais promis, je ne le dirai à personne !

Ah, le mouvement sur scène, c'est comme danser sur votre chanson préférée ! Ne restez pas planté comme un piquet au même endroit pendant tout votre discours. Déplacez-vous de manière fluide et intentionnelle pour occuper l'espace. Allez à gauche pour introduire une nouvelle idée, puis à droite pour conclure un point. Utilisez différentes parties de la scène pour créer des points d'attention. Et si vous vous sentez aventureux, vous pouvez même faire quelques pas de danse. Mais assurez-vous de ne pas vous prendre les pieds dans le tapis, sinon vous risquez de faire la une des bloopers de présentation !

En parlant de mouvement, n'oublions pas votre visage ! Votre expression faciale est comme une fenêtre ouverte sur votre âme (ou du moins sur votre état d'esprit). Donc, souriez ! Montrez à votre public que vous êtes heureux d'être là et que vous voulez partager votre message avec eux. Utilisez des expressions

Pour accomplir la tâche de créer un discours charismatique et une présence sur scène, il est essentiel de comprendre les traits de personnalité et les gestes qui attirent l'attention et suscitent l'enthousiasme du public. Pour ce faire, il est important d'analyser des discours et des présentations charismatiques de personnalités populaires.

Lors de l'analyse de ces discours, il convient de prêter une attention particulière aux traits de personnalité qui sont mis en évidence, tels que la confiance en soi, la passion, la détermination et la persuasion. Il est également important de noter les gestes et les expressions corporelles utilisés pour renforcer le message et captiver l'auditoire. Les gestes les plus courants incluent les mouvements des bras et des mains, les déplacements sur scène, les sourires et les contacts visuels.

Une fois que l'on a identifié les traits de personnalité et les gestes qui fonctionnent bien, il est temps de les mettre en pratique dans sa propre présentation. Il est important de se sentir en confiance et en contrôle sur scène, et cela peut être atteint en pratiquant le discours et les gestes à l'avance, en visualisant une interaction positive avec le public et en se concentrant sur les messages clés que l'on souhaite transmettre.

Enfin, pour captiver l'auditoire, il est important de créer une connexion émotionnelle avec le public en utilisant des histoires personnelles, des anecdotes ou des exemples concrets pour illustrer son point de vue. Il est également utile de s'adapter à son public en utilisant un langage clair et en s'adressant à leur niveau d'intérêt et de compréhension.

<u>À retenir :</u>

Pour créer un discours charismatique et une présence sur scène, il est important d'analyser des discours et des présentations charismatiques de personnalités populaires, d'identifier les traits de personnalité et les gestes qui fonctionnent bien, de pratiquer le discours et les gestes à l'avance et de créer une connexion émotionnelle avec le public.

Chapitre XIII

La communication non verbale

*Découvrez comment interpréter les signaux de la communica-
tion non verbale et utiliser cette connaissance pour renforcer
votre impact.*

Depuis des décennies, la communication non verbale a
été reconnue comme un élément essentiel de la communication humaine. Dans ce chapitre, nous explorerons l'importance de la communication non verbale et son impact
sur votre capacité à devenir un orateur charismatique. Que
vous en soyez conscient ou non, vous communiquez cons-
tamment par le langage du corps, des gestes, des expressions faciales et bien plus encore. Apprendre à interpréter
et à utiliser ces signaux non verbaux peut vous permettre
de renforcer votre impact et d'atteindre un niveau supérieur dans vos prises de parole en public.

La communication non verbale est un élément important
de la communication, qui comprend les signaux tels que les
expressions faciales, les gestes, la posture, le ton de la voix

et le contact visuel. Il est important de connaître les signaux de la communication non verbale pour pouvoir les interpréter correctement et les utiliser pour renforcer votre impact lors de vos prises de parole. Les signaux de la communication non verbale peuvent être utilisés pour renforcer votre message, pour montrer de l'empathie et pour établir une connexion avec votre public. Les pièges à éviter lorsqu'on utilise l'humour dans un discours sont les blagues stéréotypées, les private jokes, les blagues vulgaires, l'humour à l'excès et les blagues qui ne sont pas adaptées à votre image ou à votre message. En utilisant les signaux de la communication non verbale de manière appropriée et en évitant les pièges de l'utilisation de l'humour dans un discours, vous pouvez renforcer votre impact lors de vos prises de parole et devenir un orateur charismatique.

Quels sont les différents types de communication non verbale ?

Il existe différents types de communication non verbale, qui comprennent :

-Les expressions faciales

-Les mouvements et la posture

-Les gestes

-Le contact visuel

-Le contact physique

-La proxémie

-La voix

-L'apparence physique

Comment interpréter les expressions faciales dans la communication non verbale ?

Pour interpréter les expressions faciales dans la communication non verbale, il est important de connaître les différentes expressions faciales universelles qui sont liées à des émotions fondamentales. Selon Paul Ekman, psychologue et professeur émérite de l'Université de Californie, les humains de toutes les cultures partagent les mêmes expressions faciales pour 7 émotions fondamentales et universelles : la joie, la tristesse, la colère, la peur, le dégoût, le mépris et la surprise. Les expressions faciales peuvent être utilisées pour renforcer votre message, pour montrer de l'empathie et pour établir une connexion avec votre public. Il est important de savoir interpréter les expressions faciales pour pouvoir comprendre les émotions de votre interlocuteur et adapter votre communication en conséquence. Les expressions faciales sont un système de communication non verbale qui fournit des informations sociales à nos collègues, amis, famille et aux personnes qui ne nous connaissent pas.

Comment améliorer ses compétences en communication non verbale dans un contexte professionnel ?

Soignez votre apparence pour donner une image de personne confiante et professionnelle

Faites attention à votre langage corporel et à celui de votre interlocuteur pour que votre communication verbale soit alignée avec votre communication non verbale

Utilisez des expressions faciales appropriées pour montrer de l'empathie et pour établir une connexion avec votre interlocuteur

Utilisez une gestuelle adaptée pour renforcer votre message et pour transmettre des informations supplémentaires

Soyez à l'écoute de votre interlocuteur pour montrer que vous comprenez ses émotions et ses sentiments

Évitez les expressions faciales qui peuvent être mal interprétées, telles que les sourcils froncés ou les regards fuyants

Comment interpréter les signaux non verbaux de son interlocuteur dans un contexte professionnel

Pour interpréter les signaux non verbaux de son interlocuteur dans un contexte professionnel, il est important d'être attentif aux expressions faciales, à la gestuelle, à la posture, au contact visuel et au ton de voix de votre interlocuteur. En comprenant ces signaux non verbaux, vous pouvez améliorer votre communication et votre compréhension mutuelle avec les autres dans un contexte professionnel.

Comment décoder les signaux non verbaux pour mieux communiquer avec autrui

Pour décoder les signaux non verbaux et mieux communiquer avec autrui dans un contexte professionnel, il est important d'être attentif aux expressions faciales, à la gestuelle, à la posture, au contact visuel et au ton de voix de votre interlocuteur. En comprenant ces signaux non verbaux, vous pouvez améliorer votre communication et votre compréhension mutuelle avec les autres dans un contexte professionnel.

La communication non verbale est un aspect essentiel de votre présence sur scène. En comprenant et en utilisant les signaux non verbaux de manière consciente, vous pouvez renforcer votre impact lors de vos prises de parole en public. Que ce soit par une posture confiante, un contact visuel engageant ou une synchronisation subtile, l'art de la communication non verbale vous permettra de devenir un orateur charismatique et de transmettre votre message avec puissance et influence.

Chapitre XIV

Comment adapter votre discours à différents types d'auditoires

Découvrez comment adapter votre discours en fonction de votre public pour mieux répondre à leurs besoins et susciter leur intérêt.

Il est crucial de garder à l'esprit que chaque auditoire est unique et présente des besoins spécifiques. Par conséquent, il est essentiel d'adapter votre discours en fonction de ces caractéristiques afin d'établir une communication efficace.

Cela implique de prendre en compte plusieurs facteurs clés. Tout d'abord, vous devez considérer l'âge et le niveau de connaissances de votre public. Si vous vous adressez à un auditoire plus jeune, il peut être judicieux d'utiliser des exemples et des références qui leur sont familiers, tout en expliquant les concepts de manière claire et accessible. En revanche, si votre auditoire est composé de professionnels ou d'experts dans un domaine spécifique, vous pouvez utiliser un langage plus technique et des exemples qui leur sont propres.

De plus, la culture et le contexte de votre auditoire sont des éléments cruciaux à prendre en considération. Les valeurs, les normes et les sensibilités culturelles peuvent varier d'un groupe à l'autre, il est donc important d'adapter votre discours en conséquence pour éviter toute incompréhension ou malaise. Si vous vous adressez à un public international ou multiculturel, assurez-vous d'éviter les références trop spécifiques à une culture particulière et optez pour des exemples plus universels.

Une autre considération essentielle est de savoir si votre auditoire est composé de novices ou d'experts dans le domaine que vous abordez. Si vous parlez à des personnes qui ne sont pas familières avec le sujet, il est préférable de commencer par des explications simples et claires, en évitant le jargon technique. En revanche, si votre auditoire est constitué d'experts, vous pouvez approfondir davantage les aspects complexes et utiliser un langage plus spécialisé.

En adaptant votre discours, vous pouvez également tenir compte des objectifs spécifiques de votre auditoire. Par exemple, si vous donnez une présentation commerciale, votre auditoire attendra probablement des informations sur les avantages et les opportunités économiques. En revanche, si vous parlez lors d'un événement éducatif, votre auditoire souhaitera probablement acquérir de nouvelles connaissances ou compétences.

Il est également important de prendre en compte la taille de votre auditoire. Si vous vous adressez à un groupe restreint, vous pouvez interagir plus directement avec les participants, en posant des questions et en encourageant les discussions. En revanche, si vous parlez devant une grande foule, vous devrez peut-être ajuster votre discours pour qu'il soit plus percutant et accessible à tous, en utilisant des supports visuels et en favorisant une communication unidirectionnelle.

Enfin, soyez attentif à la réaction de votre auditoire tout au long de votre discours. Observez leurs expressions faciales, leur langage corporel et leur niveau d'engagement. Cela vous permettra d'évaluer si votre message est bien compris et reçu positivement. Si vous remarquez des signes de confusion ou de désintérêt, ajustez votre discours en conséquence en clarifiant vos propos, en utilisant des exemples plus pertinents ou en apportant des éléments plus captivants.

Pour mieux comprendre comment adapter votre discours à différents types d'auditoires, voici quelques exemples concrets :

Imaginons que vous donnez une présentation sur la protection de l'environnement devant un groupe d'étudiants. Vous pourriez commencer par partager des faits intéressants sur l'impact de la pollution sur la planète, en utilisant des termes simples et accessibles pour faciliter leur compréhension. Vous pourriez également inclure des exemples concrets de gestes quotidiens qu'ils peuvent adopter pour contribuer à la préservation de l'environnement, comme le recyclage ou l'économie d'énergie.

Si vous parlez devant un public multiculturel lors d'une conférence internationale, il est important d'adopter une approche plus universelle et d'éviter les références trop spécifiques à une culture particulière. Vous pourriez utiliser des exemples et des anecdotes qui sont compréhensibles et pertinents pour différentes cultures. De plus, assurez-vous d'utiliser un langage clair et d'éviter les expressions idiomatiques ou les jeux de mots qui pourraient se perdre dans la traduction.

<u>À retenir :</u>

En adaptant votre discours à différents types d'auditoires, vous augmentez vos chances de communiquer efficacement avec votre public. Cela permet de susciter un plus grand intérêt, d'améliorer la compréhension de votre message et de renforcer l'impact de votre discours. Souvenez-vous toujours de l'importance de connaître votre auditoire, de prendre en compte ses besoins et de vous ajuster en conséquence pour établir une connexion authentique.

Chapitre XV

L'importance de l'écoute active

Le lien indispensable entre l'orateur et son auditoire

Dans ce chapitre, nous allons plonger dans l'importance cruciale de l'écoute active dans le développement de vos compétences en prise de parole en public. L'écoute active ne consiste pas simplement à entendre les mots prononcés, mais à comprendre, assimiler et répondre aux messages de manière significative. Nous découvrirons comment l'écoute active peut améliorer votre communication, renforcer vos relations avec votre auditoire et vous aider à devenir un orateur charismatique. Préparez-vous à maîtriser l'art de l'écoute active et à faire passer votre discours au niveau supérieur.

L'écoute active est une compétence essentielle pour devenir un bon orateur.

Voici quelques conseils pour améliorer votre écoute active : Écoutez attentivement ce que votre interlocuteur dit, sans vous laisser distraire par des pensées ou des préoccupations personnelles.

Améliore la compréhension : En écoutant activement, les orateurs charismatiques peuvent mieux comprendre les besoins, les préoccupations et les opinions de leur public, ce qui leur permet de mieux adapter leur discours.

Renforce la confiance : L'écoute active renforce la confiance entre les individus en montrant que l'orateur est attentif et intéressé par ce que dit son public. Cela peut aider à établir une connexion plus profonde et plus authentique.

Favorise une communication efficace : L'écoute active est l'une des pierres angulaires d'une communication efficace. En écoutant attentivement et en posant des questions pour clarifier les points importants, les orateurs charismatiques peuvent mieux communiquer leur message.

Permet de mieux gérer les objections : En écoutant activement les objections et les préoccupations du public, les orateurs charismatiques peuvent mieux y répondre et les gérer de manière efficace.

Comment peut-on développer ses compétences en écoute active :

Voici quelques façons de développer ses compétences en écoute active :

Pratiquez régulièrement : Comme pour toute compétence, la pratique régulière est essentielle pour améliorer son écoute active. Prenez le temps d'écouter attentivement les autres dans votre vie quotidienne, que ce soit au travail ou dans votre vie personnelle.

Posez des questions : Posez des questions pour clarifier les points importants et pour montrer que vous êtes intéressé par ce que dit votre interlocuteur.

Montrez de l'empathie : Essayez de comprendre les sentiments et les émotions de votre interlocuteur et montrez que vous vous souciez de ce qu'il dit.

Évitez les distractions : Évitez les distractions, comme les téléphones portables ou les ordinateurs, qui peuvent vous empêcher d'écouter attentivement.

Soyez ouvert d'esprit : Soyez ouvert d'esprit et prêt à entendre des points de vue différents des vôtres. Cela peut vous aider à voir les choses sous un angle différent et à améliorer votre communication.

Utilisez des ressources en ligne : Il existe de nombreuses ressources en ligne pour améliorer ses compétences en écoute active, comme des vidéos, des articles et des guides pratiques.

En cultivant l'écoute active, vous développez une compétence précieuse qui transformera votre prise de parole en public. L'écoute active vous permet de comprendre véritablement votre auditoire, de renforcer la connexion et de façonner votre message de manière plus efficace. Que ce soit en écoutant avec attention, en posant des questions pertinentes ou en reflétant l'émotion de vos interlocuteurs, l'écoute active est une clé essentielle pour devenir un orateur charismatique. Pratiquez régulièrement ces techniques d'écoute active et observez l'impact positif qu'elles auront sur votre communication et votre influence.

Chapitre XVI

La gestion du temps

Des techniques pour gérer efficacement le temps et maintenir l'attention de votre auditoire.

Maîtrisez votre temps, maîtrisez votre discours, vous savez déjà que le temps est une ressource précieuse lors de vos interventions. Chaque minute compte pour captiver votre auditoire et transmettre votre message de manière claire et impactante.

Dans ce chapitre, nous allons plonger au cœur de la gestion du temps lors des prises de parole en public. Nous allons explorer les stratégies et les astuces qui vous permettront d'optimiser chaque seconde de votre discours. Que vous ayez une présentation de cinq minutes ou une allocution d'une heure, la gestion du temps est un élément crucial pour maintenir l'attention de votre auditoire et atteindre vos objectifs de communication.

Nous allons commencer par comprendre pourquoi le temps est si précieux lors de vos interventions. Ensuite, nous aborderons la phase de préparation et de planification, où vous apprendrez à estimer le temps nécessaire pour chaque partie de votre discours. Nous vous présenterons également des astuces pour éviter les pièges temporels courants et des techniques pour maintenir un rythme fluide et dynamique.

Mais la gestion du temps ne se limite pas à une simple horloge. Vous découvrirez également comment faire face à des imprévus, à des changements de dernière minute ou à des contraintes de temps particulières. La flexibilité et la capacité à s'ajuster en temps réel sont des compétences essentielles pour tout orateur charismatique.

Alors, préparez-vous à plonger dans le monde du timing parfait et à maîtriser votre temps pour mieux maîtriser votre discours. Avec les connaissances et les outils que vous acquerrez dans ce chapitre, vous serez en mesure de gagner en efficacité, en crédibilité et en impact lors de vos prises de parole. Alors, ajustez vos montres, préparez votre chronomètre et préparez-vous à marquer les esprits avec des discours percutants et bien maîtrisés.

Planifiez votre discours : Identifiez les points clés que vous souhaitez aborder et en déterminant combien de temps vous souhaitez consacrer à chaque point.

Soyez flexible : Soyez prêt à ajuster votre discours en fonction du temps disponible. Si vous constatez que vous manquez de temps, concentrez-vous sur les points les plus importants et laissez de côté les détails moins importants.

Baisse de l'attention : Si vous constatez que votre public commence à perdre de l'intérêt, essayez de raccourcir votre discours ou de le rendre plus interactif.

Conseils pour éviter les retards :

Faites comprendre à tous les participants que vous ne tolérerez aucun retard. Au besoin, vous pouvez envoyer un rappel avant la conférence pour rappeler l'importance d'être à l'heure. Assurez-vous que tous les participants connaissent les horaires. Cela peut aider à éviter les retards en permettant aux participants de mieux planifier leur temps.

Prévoyez des marges de temps : Cela vous permettra de faire face à d'éventuels retards ou imprévus.

Soyez prêt à commencer sans les retardataires : Commencez à l'heure prévue et informez les retardataires qu'ils peuvent se joindre à la conférence en cours.

Établissez des règles claires : Par exemple, vous pouvez préciser le temps imparti pour chaque question ou commentaire, ou encore le nombre de questions que chaque participant peut poser.

Soyez prêt à couper court : vous pouvez remercier le participant pour sa question ou son commentaire, mais préciser que vous devez passer à la suite pour respecter le temps imparti.

Idées pour encourager les participants à préparer leurs questions à l'avance : par exemple en leur envoyant un e-mail ou en créant un formulaire en ligne. Cela peut aider les participants à réfléchir à leurs questions à l'avance et à les formuler de manière claire et concise.

Préparez des questions supplémentaires : utilisez des questions ouvertes pour encourager les participants à réfléchir à leurs propres questions.

<u>À retenir :</u>

La gestion du temps lors de vos interventions est essentielle pour maintenir l'attention de votre auditoire et atteindre vos objectifs de communication.

Estimez le temps nécessaire pour chaque partie de votre discours lors de la phase de préparation et de planification.

Évitez les pièges et maintenez un rythme fluide et dynamique pour captiver votre auditoire.

Soyez flexible et capable de vous ajuster en temps réel pour faire face aux imprévus et aux contraintes de temps.

Maîtrisez votre temps pour mieux maîtriser votre discours et gagnez en efficacité, crédibilité et impact lors de vos prises de parole.

Chapitre XVII

Comment encourager le dialogue et l'interaction avec votre public

Encourager les questions, les échanges et les débats

Ah, l'interaction avec le public ! C'est l'un des éléments les plus excitants (et parfois les plus effrayants) de la prise de parole en public. Mais ne vous inquiétez pas, je suis là pour vous donner des conseils sur la façon d'encourager le dialogue et de créer une véritable connexion avec votre public. Et rappelez-vous, un peu d'humour peut aussi être un excellent moyen de rendre votre présentation mémorable et amusante pour tous. Alors, préparez-vous à sortir vos meilleures blagues et découvrons comment rendre votre discours interactif et engageant !

Les forums en ligne sont des espaces virtuels où les membres de votre public peuvent poser des questions, partager des opinions et discuter entre eux. Ces forums peuvent être organisés par thème ou par sujet, en fonction de ce qui est le plus pertinent pour votre public. Il est important de fournir des modérateurs pour s'assurer que les discussions restent respectueuses et constructives.

En plus des forums en ligne, il est également important d'envisager des événements en personne pour permettre une interaction en face à face avec votre public. Ces événements peuvent prendre la forme de rencontres informelles, de tables rondes ou de séances de questions-réponses. Il est important de créer un environnement confortable et accueillant pour que votre public se sente à l'aise de poser des questions et de partager des idées.

Lors de la planification d'événements en personne, il est important de communiquer clairement avec votre public pour leur faire savoir où et quand l'événement aura lieu. Il est également important de fournir des informations sur ce qui va se passer pendant l'événement et ce que votre public peut attendre. Il peut être utile de créer un programme de l'événement pour que les participants sachent ce qui se passe à tout moment.

Enfin, il est important de maintenir une communication régulière avec votre public pour leur faire savoir ce qui se passe dans votre organisation ou votre entreprise. Cela peut prendre la forme d'une newsletter ou d'un bulletin d'information régulier. Il est important de fournir des mises à jour sur les nouveaux produits ou services, les événements futurs et les activités de l'organisation.

En bref, pour encourager le dialogue et l'interaction avec votre public, il est important de créer des forums de discussion en ligne, d'organiser des événements en personne et de maintenir une communication régulière avec votre public. En créant des espaces où votre public peut partager des idées et poser des questions, vous pouvez bâtir une communauté engagée et fidèle à votre marque ou organisation.

Soyez accessible et amical : Dès le début de votre discours, montrez-vous ouvert et accueillant en souriant et en établissant un contact visuel avec votre public. Cela aidera à créer une atmosphère détendue et propice à l'échange. N'hésitez pas à utiliser l'humour pour briser la glace et mettre les gens à l'aise. Une petite blague ou une anecdote drôle peut contribuer à détendre l'atmosphère et à susciter l'intérêt de votre public.

Posez des questions ouvertes : Lorsque vous souhaitez encourager l'interaction, posez des questions qui nécessitent des réponses plus élaborées que simplement un "oui" ou un "non". Par exemple, au lieu de demander "Est-ce que vous êtes d'accord ?", demandez plutôt "Quelles sont vos réflexions sur ce sujet ?" ou "Quels sont vos exemples personnels ?". Cela permettra à votre public de partager leurs idées et de participer activement à la discussion.

Favorisez les échanges en petits groupes : Organisez des activités ou des discussions en petits groupes pour permettre à votre public de s'engager les uns avec les autres. Vous pouvez donner une consigne ou un sujet à débattre, puis donner un temps limité pour que les participants échangent leurs points de vue. Non seulement cela encourage l'interaction, mais cela crée également un sentiment de communauté au sein de votre auditoire.

Utilisez des supports visuels interactifs : Au lieu de simplement présenter des diapositives statiques, intégrez des éléments interactifs tels que des sondages en temps réel ou des vidéos engageantes. Demandez à votre public de voter sur une question ou de réagir à une vidéo, puis discutez des résultats ensemble. Cela ajoute une dimension ludique à votre présentation et incite les gens à s'impliquer davantage.

Utilisez des histoires et des exemples personnels : Rien ne capte l'attention et ne suscite l'émotion comme une bonne histoire. Racontez des anecdotes personnelles ou des exemples concrets qui illustrent vos points clés. Cela permettra à votre public de se connecter avec vous sur un niveau plus personnel et de se sentir encouragé à partager leurs propres expériences.

Favorisez un environnement sans jugement : Créez un climat de confiance où chacun se sent à l'aise de s'exprimer. Évitez les critiques ou les jugements négatifs. Encouragez la diversité d'opinions et respectez les idées de chacun, même si vous n'êtes pas d'accord

Favorisez un environnement sans jugement : Créez un climat de confiance où chacun se sent à l'aise de s'exprimer. Évitez les critiques ou les jugements négatifs. Encouragez la diversité d'opinions et respectez les idées de chacun, même si vous n'êtes pas d'accord avec elles. Montrez votre ouverture d'esprit en accueillant les différentes perspectives et en valorisant la contribution de chaque individu.

Utilisez des jeux et des activités interactives : Intégrez des jeux ou des activités ludiques dans votre présentation pour stimuler l'interaction et l'engagement du public. Par exemple, vous pouvez organiser un jeu-questionnaire en lien avec votre sujet, où les participants peuvent gagner des prix ou simplement se divertir. Les jeux permettent de créer une atmosphère détendue et amusante, tout en facilitant l'apprentissage et la participation active.

Pratiquez l'écoute active : L'écoute active est essentielle pour encourager le dialogue avec votre public. Montrez de l'intérêt pour ce que les gens ont à dire en les écoutant attentivement et en posant des questions de suivi pertinentes. Cela montre que vous valorisez leurs idées et que vous êtes réellement engagé dans la conversation. Soyez ouvert aux commentaires et aux suggestions, et répondez-y de manière constructive.

Utilisez des anecdotes humoristiques : L'humour est un excellent moyen de créer une ambiance détendue et de susciter l'attention de votre public. Intégrez des anecdotes humoristiques ou des blagues bien placées dans votre discours. Cela permet de créer un moment de légèreté et d'amener les gens à se détendre. N'oubliez pas de considérer votre public et d'adapter votre humour en fonction de leur sensibilité et de la nature de l'événement.

Encouragez les échanges après votre discours : Ne limitez pas l'interaction uniquement pendant votre présentation. Après votre discours, encouragez les gens à venir vous parler, à poser des questions ou à partager leurs réflexions. Créez un espace dédié où vous pourrez continuer la discussion de manière informelle. Soyez ouvert et disponible pour discuter avec votre public, car c'est souvent après le discours que les échanges les plus intéressants et significatifs se produisent

<u>À retenir :</u>

Adopter une approche amicale, en posant des questions ouvertes, en favorisant les échanges en petits groupes, en utilisant des supports visuels interactifs, en partageant des histoires personnelles, en créant un environnement sans jugement, en utilisant des jeux et des activités interactives, en pratiquant l'écoute active, en utilisant des anecdotes humoristiques, et en encourageant les échanges après votre discours, vous allez créer une expérience positive et dynamique pour votre public.

Chapitre XVIII

Comment gérer les interruptions et les questions difficiles

Découvrez des stratégies pour répondre aux questions et gérer les interruptions lors de vos prises de parole en public.

Lorsque l'on parle en public, il est fréquent d'être interrompu ou d'être confronté à des questions difficiles. Pour gérer ces situations, il existe plusieurs techniques efficaces.

La première consiste à anticiper les interruptions et les questions pointues en préparant son discours de manière à y inclure des réponses aux objections les plus courantes. Il est également important de connaître son sujet sur le bout des doigts afin de pouvoir répondre avec assurance et précision aux questions les plus délicates.

Ensuite, il est important de savoir reconnaître l'interlocuteur qui pose la question et de s'adapter à son profil. Ainsi, il est recommandé de répondre de manière plus succincte à une personne qui a l'air pressée ou qui ne semble pas intéressée par le sujet abordé, et de répondre de manière plus détaillée à une personne qui semble véritablement intéressée ou qui connaît bien le sujet.

Il est également important de garder à l'esprit que l'on n'est pas obligé de répondre immédiatement à une question difficile. Si vous êtes surpris par une interruption, prenez une profonde respiration et prenez quelques secondes pour réfléchir à votre réponse. N'hésitez pas à demander à l'interlocuteur de reformuler sa question si celle-ci n'est pas claire.

Si vous ne connaissez pas la réponse à une question, il est préférable de l'admettre plutôt que de donner une réponse incorrecte. Vous pouvez dire quelque chose comme "Je ne suis pas sûr de la réponse à cette question, mais je peux vous promettre de trouver la réponse et de vous la communiquer plus tard".

Enfin, il est important de rester calme et courtois, même en cas d'interruption ou de question complexe et délicate.

Voici quelques exemples de techniques à mettre en pratique pour gérer les interruptions et les questions difficiles lors de discours en public. En les utilisant, il est possible de parler en public avec assurance et de faire face à toutes les situations, même les plus délicates.

Pour faire face aux interruptions et aux questions difficiles lors d'une présentation en public, voici une liste de stratégies efficaces :

-Anticipez les questions possibles et préparez des réponses claires et concises à l'avance.

-Répétez votre présentation plusieurs fois pour vous familiariser avec le contenu et réduire les erreurs éventuelles qui pourraient susciter des questions.
-Restez calme et professionnel lorsque vous êtes interrompu ou posé une question difficile.
-Écoutez attentivement la question et assurez-vous de comprendre ce qui est demandé avant de répondre.
-Si vous ne disposez pas d'une réponse immédiate, demandez un moment pour y réfléchir ou gardez la question en suspens pour y revenir plus tard.
-Utilisez des exemples concrets ou des anecdotes pour illustrer vos réponses et rendre votre présentation plus vivante.
-Évitez de vous éloigner du sujet principal en répondant à des questions tangentes.
-Si vous êtes confronté à des interruptions persistantes, identifiez le perturbateur et demandez-lui poliment de cesser de perturber la présentation.
-Gardez à l'esprit que les questions et les interruptions peuvent être une opportunité d'engager le public et de renforcer votre message.

<u>**À retenir :**</u>

Anticipez les interruptions et les questions difficiles en préparant des réponses aux objections courantes.

Connaissez votre sujet en profondeur pour répondre avec assurance et précision.

Adaptez votre réponse en fonction du profil de l'interlocuteur.

Prenez le temps de réfléchir avant de répondre à une question difficile.

Demandez à l'interlocuteur de reformuler la question si nécessaire.

Avouez si vous ne connaissez pas la réponse et proposez de la trouver ultérieurement.

Restez calme et courtois en toutes circonstances.

Utilisez ces techniques pour gérer les interruptions et les questions difficiles lors de vos discours en public.

Parlez avec assurance et gérez toutes les situations, même les plus délicates.

Adoptez des stratégies efficaces pour faire face aux défis de l'interaction en public.

Chapitre XIX

Comment écrire un discours en peu de temps

Utiliser des techniques d'organisation pour structurer rapidement votre discours

Vous devez écrire un discours en peu de temps ? Pas de panique, je suis là pour vous aider ! Voici quelques astuces pour que votre discours soit percutant, même si vous avez peu de temps.

Lorsqu'il s'agit d'écrire un discours rapidement, il est important de savoir quelle stratégie adopter pour transmettre son message efficacement et convaincre son auditoire. Pour ce faire, il est nécessaire de mener des recherches approfondies sur les techniques d'écriture de discours les plus efficaces. Cela peut inclure la collecte d'informations auprès de sources réputées telles que des experts en communication, des livres et des articles spécialisés dans le domaine.

Commencer par une introduction captivante : la première impression est cruciale, il est donc important de capter l'attention dès les premières minutes. On peut utiliser une histoire personnelle, une anecdote ou une citation pour créer un sentiment d'empathie et susciter l'intérêt.

Structurer le discours de manière claire et cohérente : un bon discours doit avoir une structure logique et facile à suivre. Il est recommandé de diviser le discours en plusieurs parties distinctes, avec une idée principale pour chaque partie.

Pour persuader l'auditoire, il est important d'utiliser des arguments solides et convaincants. En utilisant des données factuelles et des preuves concrètes, vous pouvez renforcer votre message et convaincre votre auditoire de la pertinence de vos arguments.

<u>À retenir :</u>

Pour écrire un discours puissant en peu de temps, il est important de structurer votre discours de manière claire et cohérente, en utilisant des exemples concrets et des arguments solides, vous pouvez persuader votre public et transmettre votre message avec succès. Enfin, n'oubliez pas que l'humour peut être un outil puissant pour captiver l'attention de l'auditoire, mais qu'il doit être utilisé avec parcimonie.

Partie 4

AYEZ CONFIANCE EN VOUS

LES TECHNIQUES POUR GAGNER DE LA CONFIANCE EN SOI ET NE PLUS AVOIR PEUR EN PUBLIC

Chapitre I

Surmonter la peur du jugement

Libérez votre confiance intérieure

La peur du jugement est un sentiment universellement humain qui peut entraver notre capacité à nous exprimer librement et en toute confiance devant un public. Que ce soit lors d'une présentation importante au travail, d'une intervention en public ou d'une performance artistique, la crainte d'être critiqué ou jugé peut être paralysante. Mais rassurez-vous, vous n'êtes pas seul dans cette expérience, et il existe des stratégies efficaces pour surmonter cette peur et libérer votre potentiel. Dans ce chapitre, nous explorerons ensemble ces techniques qui vous permettront de vous épanouir sur scène.

Comprenez l'origine de la peur du jugement : pour surmonter la peur du jugement, il est important de comprendre d'où elle provient. La plupart du temps, cette peur est enracinée dans notre besoin inné d'être accepté et approuvé par les autres. Nous craignons le rejet, la critique et le jugement négatif, car cela remet en question notre valeur et notre estime de nous-mêmes. Prendre conscience de cette origine nous permet de commencer à déconstruire ces pensées limitantes et à cultiver une perspective plus positive.

Développez votre confiance intérieure : la confiance en soi est un élément essentiel pour surmonter la peur du jugement. Pour renforcer cette confiance intérieure, commencez par reconnaître vos forces et vos réalisations passées. Faites une liste de vos succès, grands et petits, et rappelez-vous des moments où vous avez surmonté des défis avec succès. Visualisez-vous en train de parler en public avec assurance et recevant des réactions positives. En cultivant une attitude positive envers vous-même, vous renforcerez votre confiance intérieure et vous vous sentirez mieux préparé pour affronter le jugement des autres.

Préparez-vous méticuleusement : une préparation minutieuse est la clé pour atténuer la peur du jugement. En vous préparant adéquatement, vous vous sentirez plus confiant dans votre capacité à transmettre votre message de manière claire et convaincante. Réfléchissez à votre public cible, à vos objectifs de communication et à la meilleure façon d'organiser vos idées. Entraînez-vous à haute voix, en vous enregistrant si possible, pour vous familiariser avec votre discours et votre gestuelle. Plus vous serez préparé, plus vous serez à l'aise lors de vos prises de parole en public.

Acceptez l'imperfection : il est essentiel de comprendre que personne n'est parfait, et que même les orateurs les plus talentueux font des erreurs. Acceptez l'idée que vous pouvez vous améliorer continuellement et que chaque expérience est une occasion d'apprentissage. Ne laissez pas la peur du jugement vous paralyser et empêcher votre croissance personnelle. Soyez ouvert aux commentaires constructifs, car ils peuvent vous aider à vous améliorer et à évoluer.

Utilisez l'humour comme allié : N'ayez pas peur de rire de vous-même, car cela montre une certaine vulnérabilité qui est souvent très appréciée par le public. Utilisez des anecdotes amusantes ou des jeux de mots subtils pour alléger l'atmosphère et vous présenter de manière plus détendue.

En conclusion, la peur du jugement peut être surmontée avec une combinaison de stratégies pratiques et d'une attitude positive. En comprenant l'origine de cette peur, en développant votre confiance intérieure, en vous préparant méticuleusement, en acceptant l'imperfection et en utilisant l'humour, vous pouvez libérer votre potentiel et briller lors de vos prises de parole en public. N'oubliez pas que chaque expérience est une occasion d'apprentissage et de croissance, et que vous êtes capable d'exprimer votre véritable voix avec assurance et authenticité.

Rappelez-vous des paroles inspirantes de charles Darwin : « Ce ne sont pas les plus forts ou les plus intelligents qui survivent, mais ceux qui s'adaptent le mieux aux changements ».

Alors, ne laissez plus la peur du jugement vous retenir dans l'ombre. Embrassez votre confiance intérieure, préparez-vous avec soin et laissez votre lumière briller devant un public avide de vous entendre. Vous avez le pouvoir de captiver, d'inspirer et de laisser une impression durable. Alors allez-y, éclatez-vous et montrez au monde tout ce dont vous êtes capable !

À retenir :

La compréhension de l'origine de la peur du jugement, qui est souvent enracinée dans notre besoin d'acceptation et d'approbation, est essentielle pour la surmonter.

Pour renforcer votre confiance intérieure, il est important de reconnaître vos forces et réalisations passées, de visualiser le succès et de cultiver une attitude positive envers vous-même.

Une préparation méticuleuse, en tenant compte de votre public cible, de vos objectifs de communication et de l'organisation de vos idées, vous aidera à atténuer la peur du jugement.

Il est important d'accepter l'imperfection et de voir chaque expérience comme une occasion d'apprentissage et de croissance.

Chapitre II

La préparation mentale et physique

Renforcez votre confiance et votre motivation

Pour commencer, la préparation physique est essentielle pour toute activité, sportive ou non. Des exercices cardio-vasculaires tels que la course à pied, la natation ou le cyclisme sont excellents pour améliorer la condition physique générale. En outre, les exercices de renforcement musculaire, tels que les pompes, les squats et les abdominaux, peuvent aider à renforcer les muscles et à éviter les blessures. Cependant, la préparation mentale est tout aussi importante que la préparation physique. Des exercices de méditation peuvent aider à réduire le stress, à améliorer la concentration et à obtenir une plus grande clarté mentale. La visualisation est également un outil puissant pour la préparation mentale. Les athlètes utilisent souvent la visualisation pour s'imaginer accomplir leur objectif, que ce soit gagner une course ou réussir un saut à la perche. En plus de ces méthodes, il existe des exercices spécifiques qui peuvent être utilisés pour améliorer la préparation physique et mentale. Par exemple, le yoga est une excellente pratique pour améliorer la flexibilité, la force et la concentration. De même, les exercices de respiration peuvent aider à réduire le stress et à améliorer la circulation sanguine.

De plus, les techniques de relaxation telles que le massage peuvent aider à soulager les tensions musculaires et à favoriser la détente du corps et de l'esprit. Les bains chauds ou les sessions de sauna peuvent également être utiles pour se détendre après une séance d'entraînement intense.

Enfin, il est important de se rappeler que la préparation physique et mentale est un processus continu. Il est important de s'engager dans une pratique régulière pour maintenir les résultats obtenus. Cela signifie s'entraîner régulièrement, manger sainement et dormir suffisamment.

À retenir :

La préparation physique et mentale est essentielle pour réussir dans toute activité. Des exercices cardiovasculaires, des exercices de renforcement musculaire, des techniques de relaxation, des exercices de respiration et des pratiques de méditation peuvent tous être utilisés pour améliorer la préparation physique et mentale. En s'engageant dans une pratique régulière, il est possible d'obtenir de grands résultats et de maintenir ces résultats à long terme.

Chapitre III

Cultiver une estime de soi et une attitude positive

Comment développer une confiance en soi authentique et positive

Lorsque vous prenez la parole en public, il est essentiel de vous sentir en confiance et de croire en votre propre valeur. Une estime de soi solide est le fondement sur lequel repose votre capacité à vous exprimer avec assurance, à transmettre votre message de manière convaincante et à captiver votre auditoire. En cultivant une attitude positive, vous allez non seulement rayonner sur scène, mais vous allez également créer une connexion authentique avec votre public.

Dans ce chapitre, nous allons explorer les différentes facettes de l'estime de soi et de l'attitude positive. Nous aborderons des sujets tels que la compréhension de l'estime de soi et son impact sur la communication, la transformation de votre discours intérieur pour adopter une attitude positive, les clés pour cultiver une estime de soi solide, l'importance de la posture et du langage corporel dans la construction de votre confiance, et enfin, les stratégies pour surmonter les défis et les doutes qui peuvent surgir lors de vos prises de parole.

Identifiez vos forces : Réfléchissez à vos forces et à vos talents et utilisez ces compétences pour vous aider à réussir votre discours.

Acceptez vos faiblesses : Personne n'est parfait, alors acceptez vos faiblesses et travaillez à les améliorer. Cela vous aidera à vous sentir plus confiant et plus authentique.

Soyez fier de vous : Célébrez vos réussites et soyez fier de vos accomplissements. Cela vous aidera à vous sentir plus positif et plus confiant.

Entourez-vous de personnes positives : Cela vous aidera à vous sentir plus confiant et plus positif.

Cultiver une attitude positive pour parler en public avec confiance

Cultiver une attitude positive est essentiel pour parler en public avec confiance. Voici quelques astuces pour vous aider à cultiver une attitude positive :

Visualisez votre succès : Imaginez-vous en train de réussir votre discours et de recevoir des applaudissements chaleureux.

Pratiquez la gratitude : Prenez le temps de réfléchir à toutes les choses positives dans votre vie et soyez reconnaissant pour elles. Cela vous aidera à vous sentir plus heureux et plus confiant.

Évitez les pensées négatives : Évitez de vous concentrer sur les pensées négatives et les scénarios catastrophes. Au lieu de cela, concentrez-vous sur les aspects positifs de votre discours et sur la façon dont vous pouvez aider votre public.

Prenez soin de vous : Prenez soin de votre corps et de votre esprit en faisant de l'exercice, en mangeant sainement et en vous reposant suffisamment. Cela vous aidera à vous sentir plus énergique et plus positif.

Les astuces pour renforcer votre estime de soi et votre attitude positive

Renforcer votre estime de soi et cultiver une attitude positive sont des éléments clés pour parler en public avec confiance.

Voici quelques astuces pour vous aider à renforcer votre estime de soi et votre attitude positive :

Pratiquez la respiration profonde : La respiration profonde peut vous aider à vous détendre et à vous concentrer avant votre discours. Prenez quelques minutes pour respirer profondément et vous concentrer sur votre respiration.

Utilisez des affirmations positives : Utilisez des affirmations positives pour vous aider à renforcer votre estime de soi et votre attitude positive. Répétez des phrases comme "Je suis confiant et compétent" ou "Je suis prêt à réussir mon discours".

Évitez les comparaisons : Évitez de vous comparer aux autres et de vous concentrer sur leurs réussites. Au lieu de cela, concentrez-vous sur vos propres réussites et sur la façon dont vous pouvez vous améliorer.

Préparez-vous à l'avance : Prenez le temps de préparer votre discours à l'avance et de le répéter plusieurs fois. Cela vous aidera à vous sentir plus confiant et plus préparé.

<u>À retenir :</u>

Identifiez vos forces et utilisez-les pour réussir votre discours.

Acceptez vos faiblesses et travaillez à les améliorer pour vous sentir plus authentique.

Célébrez vos réussites et soyez fier de vos accomplissements pour renforcer votre confiance.

Entourez-vous de personnes positives qui vous soutiennent et vous encouragent.

Visualisez votre succès et imaginez-vous en train de parler en public avec confiance.

Pratiquez la gratitude en vous concentrant sur les aspects positifs de votre vie.

Évitez les pensées négatives et concentrez-vous sur les aspects positifs de votre discours.

Prenez soin de votre corps et de votre esprit en faisant de l'exercice, en mangeant sainement et en vous reposant suffisamment.

Pratiquez la respiration profonde et utilisez des affirmations positives pour vous détendre et renforcer votre confiance.

Évitez les comparaisons avec les autres et concentrez-vous sur vos propres réussites.

Préparez votre discours à l'avance et répétez-le pour vous sentir confiant et préparé.

Chapitre IV

Le pouvoir de la répétition et de la persuasion

Affinez votre prise de parole et gagner en confiance.
Le pouvoir de la répétition et de la persuasion dans un discours ne peut être sous-estimé. Ces deux stratégies sont des outils puissants pour renforcer l'impact de votre message et convaincre votre auditoire. Nous allons explorer différentes techniques de répétition et de persuasion que vous pouvez utiliser pour améliorer votre discours. La répétition est une méthode efficace pour ancrer vos idées dans l'esprit de votre public. En répétant certains mots clés ou phrases importantes tout au long de votre discours, vous aidez votre auditoire à les mémoriser et à les assimiler plus facilement. La répétition peut également servir à souligner l'importance d'un concept ou à renforcer une idée principale. Lorsque vous utilisez la répétition, veillez à varier vos formulations et à les intégrer de manière naturelle dans votre discours. Évitez de répéter

exactement les mêmes mots à chaque fois, cela risquerait d'être lassant pour votre auditoire. Au lieu de cela, utilisez des synonymes, des expressions similaires ou des exemples concrets pour illustrer vos points de manière différente. Cela permettra de maintenir l'intérêt de votre auditoire tout en renforçant l'impact de vos idées.

En plus de la répétition, la persuasion est un élément clé pour convaincre votre auditoire. La persuasion consiste à utiliser des techniques rhétoriques et des arguments solides pour influencer les croyances, les attitudes et les comportements de votre public.

Voici quelques stratégies de persuasion que vous pouvez intégrer dans votre discours :

« Je suis convaincu(e) que... »

« Croyez-moi... »

« Je suis sûr(e) que vous êtes tous d'accord avec moi... »

« Voyez-vous ce que je veux dire ? »

« Imaginez un monde où... »

« En fin de compte... »

« En somme... »

« Je vais vous dire une chose... »

« Je vais être honnête avec vous... »

« Je peux vous assurer que... »

« Il est évident que... »

« Nous devons tous être d'accord que... »

« Ce que je veux dire, c'est que... »

« Sans aucun doute... »

« Il est crucial que... »

« Il est temps de... »

« Notre avenir dépend de... »

« Nous devons agir maintenant pour... »

« Changeons la donne en... »

« Le moment est venu de... »

« Faisons ensemble la différence en... »

« Il n'y a rien de plus important que... »

« Il est temps de prendre en main le futur de... »

Ces mots-clés et phrases persuasives peuvent aider à convaincre. Cependant, il est important de ne pas en abuser et de rester authentique et naturel dans la présentation.

Utilisez ces mots-clés tout au long de votre discours, en les répétant de manière stratégique pour renforcer votre message.

<u>À retenir :</u>

Variez la façon dont vous répétez les mots-clés pour éviter que votre discours ne devienne monotone. Utilisez des synonymes, des antonymes ou des expressions similaires pour éviter la redondance.

En utilisant ces stratégies de répétition et de persuasion, vous pouvez améliorer considérablement l'impact de votre discours et convaincre votre public avec succès

Chapitre V

La gestion du trac et du stress

Découvrez des méthodes et des astuces qui vous permettront de surmonter le trac et d'apaiser le stress de manière significative.

Dompter le trac.

Il existe des stratégies concrètes pour transformer votre trac en énergie positive. Tout d'abord, vous apprendrez des techniques de relaxation qui vous permettront de calmer votre esprit et votre corps avant de prendre la parole. Cela peut inclure des exercices de respiration profonde, des techniques de relaxation musculaire ou des pratiques de méditation.

Une des techniques efficaces est la respiration profonde. En pratiquant une respiration lente et profonde, vous pouvez réduire votre niveau de stress et favoriser une sensation de calme. Prenez le temps de respirer profondément, en inspirant lentement par le nez, en ressentant l'air remplir votre abdomen, puis expirez doucement par la bouche, en relâchant toutes les tensions. Cette pratique simple peut vous aider à vous détendre et à vous recentrer.

Vous pouvez également essayer des techniques de relaxation musculaire qui consistent à relâcher progressivement les différentes parties de votre corps. Vous pouvez commencer par les pieds, en contractant les muscles pendant quelques secondes, puis en relâchant complètement. Continuez ensuite en remontant progressivement, en vous concentrant sur chaque groupe musculaire, des jambes jusqu'à la tête. Cette pratique favorise une relaxation profonde et vous aide à relâcher les tensions accumulées.

Enfin, les pratiques de méditation peuvent être bénéfiques pour calmer l'esprit et cultiver un état de présence. En vous concentrant sur votre respiration, en observant vos pensées sans vous y attacher, vous pouvez atteindre un état de calme intérieur et de clarté mentale. La méditation régulière peut vous aider à développer une plus grande maîtrise de votre esprit et à réduire l'anxiété liée à la prise de parole en public.

En utilisant ces différentes techniques de relaxation, vous serez en mesure de calmer votre esprit et votre corps avant de prendre la parole. Cela vous permettra de faire face au trac avec plus de sérénité et de transformer cette énergie en une force positive qui vous aidera à livrer un discours confiant et captivant.

Ensuite, vous pourrez explorer des méthodes pour changer votre perception du trac. Vous comprendrez que cette sensation n'est pas nécessairement négative, mais plutôt le signe que vous vous investissez dans votre discours et que vous voulez réussir. Vous apprendrez à utiliser cette énergie pour vous motiver et vous concentrer sur votre message.

De plus, pour compléter vos exercices, des techniques de visualisation vous aideront à vous projeter dans une performance réussie. En créant des images mentales positives, vous renforcerez votre confiance en vous et diminuerez l'anxiété associée à la prise de parole en public.

Enfin, vous recevrez des conseils pratiques sur la préparation physique et mentale avant un discours. Vous apprendrez comment vous préparer en amont, en vous familiarisant avec votre sujet, en répétant votre discours et en vous assurant d'avoir tous les éléments nécessaires pour vous sentir à l'aise sur scène.

En complément des techniques de relaxation, l'utilisation de la visualisation peut être très bénéfique pour gérer votre trac et vous préparer mentalement à une performance réussie lors de votre prise de parole en public.

La visualisation consiste à créer des images mentales positives et vivantes de vous-même en train de réussir votre discours devant un auditoire réceptif. C'est une forme de préparation mentale qui vous permet de vous familiariser avec l'expérience de parler en public de manière positive et confiante.

Pour commencer, prenez quelques instants pour vous détendre et fermez les yeux. Visualisez-vous sur scène, debout devant votre public. Imaginez-vous avec une posture droite, un regard assuré et un sourire confiant. Ressentez le calme et la maîtrise de vous-même qui vous habitent.

Visualisez-vous parler avec aisance, en utilisant des gestes naturels et en captivant votre auditoire.

Soyez attentif aux détails de votre visualisation : les expressions faciales de votre public, les applaudissements, les réactions positives. Visualisez-vous recevoir des éloges et des applaudissements chaleureux à la fin de votre discours.

La visualisation vous aide à renforcer votre confiance en vous et à diminuer l'anxiété en vous confrontant mentalement à des situations positives et réussies. Elle vous permet de créer un état d'esprit positif et de vous préparer mentalement à donner le meilleur de vous-même lors de votre prise de parole en public.

N'hésitez pas à répéter régulièrement ces séances de visualisation, idéalement quelques jours avant votre discours. Plus vous pratiquez, plus vous renforcez votre confiance en vous et votre aptitude à gérer votre trac.

En utilisant ces techniques de visualisation en complément des exercices de relaxation, vous serez mieux préparé mentalement, plus confiant et plus détendu lors de vos prises de parole en public. Vous pourrez ainsi transmettre votre message avec assurance et captiver votre auditoire.

En combinant ces différentes techniques, vous serez en mesure de gérer efficacement votre stress et votre nervosité avant de prendre la parole en public. Vous transformerez votre trac en une énergie positive qui vous aidera à livrer un discours confiant et impactant.

La respiration abdominale : Lorsque vous ressentez le stress monter, prenez une pause et concentrez-vous sur votre respiration. Inspirez profondément par le nez, en laissant votre abdomen se gonfler, puis expirez lentement par la bouche. Répétez ce processus plusieurs fois, en vous concentrant sur votre respiration et en relâchant progressivement la tension dans votre corps.

La technique du mantra : Choisissez un mot ou une phrase positive qui vous inspire confiance, telle que "Je suis calme et confiant" ou "Je suis prêt à réussir". Répétez ce mantra silencieusement dans votre esprit pendant quelques instants avant de prendre la parole. Cela vous aidera à vous recentrer et à vous donner une dose supplémentaire de confiance.

La préparation minutieuse : Une des meilleures façons de réduire le stress est de vous préparer de manière approfondie. Pratiquez votre discours à plusieurs reprises, en vous enregistrant si possible pour évaluer votre rythme, votre intonation et votre langage corporel. Plus vous vous sentirez à l'aise avec le contenu de votre discours, plus vous serez confiant lors de sa présentation.

La visualisation positive : Avant votre prise de parole, prenez quelques instants pour vous imaginer en train de donner un discours réussi et captivant. Visualisez-vous en train de parler avec assurance, de capter l'attention de votre public et de recevoir des réactions positives. Cette visualisation vous aidera à créer un sentiment de confiance et à vous préparer mentalement pour votre discours.

La gestion du trac : Acceptez que le trac soit une réaction normale et transformez-le en énergie positive. Utilisez cette énergie pour vous propulser dans votre discours, en vous concentrant sur votre message et sur la relation avec votre public. Faites des pauses stratégiques pour prendre quelques respirations profondes et vous recentrer si nécessaire.

Les stratégies pour gérer son stress :

Le stress est une réaction normale du corps face à des situations difficiles, mais il peut affecter négativement la qualité de votre discours. Dans ce chapitre, nous allons discuter des différentes stratégies pour gérer son stress, y compris des techniques de relaxation, de la respiration, et de la visualisation. Je vais également partager des astuces pour aider à prévenir le stress avant même qu'il ne survienne.

Le stress peut être défini comme une réponse physique et psychologique du corps face à une situation perçue comme difficile, menaçante ou exigeante. Il s'agit d'une réaction normale et naturelle qui prépare l'organisme à faire face à un défi ou à une pression.

Le stress peut être déclenché par divers facteurs, tels que des situations stressantes au travail, des problèmes personnels, des changements majeurs dans la vie, des attentes élevées, des échéances serrées, ou toute autre circonstance qui crée une tension ou une pression.

En somme, lorsque nous sommes confrontés à une situation stressante, notre corps réagit en libérant de l'adrénaline, ce qui nous prépare à l'action. Le cortisol entre ensuite en scène pour soutenir cette réaction. Ces hormones jouent un rôle crucial dans notre capacité à faire face aux défis et aux menaces. Comprendre leur fonctionnement nous permet de mieux appréhender les réactions de notre corps au stress et de développer des stratégies pour mieux le gérer.

Bien que le stress puisse être bénéfique à court terme en nous aidant à faire face à des situations urgentes ou dangereuses, un stress excessif ou prolongé peut avoir des effets néfastes sur notre santé physique et mentale. Cela peut entraîner des symptômes tels que l'anxiété, l'irritabilité, l'épuisement, les problèmes de sommeil, les troubles digestifs, les maux de tête, les troubles de concentration, et même des problèmes de santé plus graves.

Il est important de gérer le stress de manière appropriée afin de préserver notre bien-être. Cela peut inclure la pratique de techniques de relaxation, la gestion du temps, l'adoption d'un mode de vie équilibré, l'établissement de limites claires, l'apprentissage de techniques de gestion du stress et la recherche de soutien social.

La perception et la gestion du stress peuvent varier d'une personne à l'autre, et ce qui peut être stressant pour une personne peut ne pas l'être pour une autre. Il est donc essentiel de développer des stratégies personnelles pour faire face au stress et maintenir un équilibre dans notre vie quotidienne.

<u>**À retenir :**</u>

Utilisez des techniques de relaxation, de visualisation et de préparation pour gérer votre trac et votre stress, afin de livrer un discours confiant et captivant. Adoptez également un mode de vie équilibré pour maintenir votre bien-être physique et mental.

Chapitre VI

Gérer les émotions et garder le contrôle

Apprenez des techniques pour gérer vos propres émotions pendant vos prises de parole en public et rester calme et confiant.

Prendre la parole en public peut susciter un large éventail d'émotions, allant de l'excitation à l'anxiété. Ici nous allons explorer des techniques efficaces pour gérer vos émotions et maintenir le contrôle pendant vos prises de parole. En apprenant à rester calme, confiant et en contrôle, même dans des situations stressantes, vous pourrez délivrer vos messages de manière plus efficace et convaincante. Alors, respirez profondément et préparez-vous à découvrir des stratégies qui vous aideront à garder votre sang-froid lors de vos discours en public.

Une première stratégie consiste à proposer des simulations de discours avec retour d'information. Cela peut être réalisé en groupe, en permettant à chaque participant de prendre la parole et de donner son discours devant les autres. Les autres membres du groupe peuvent ensuite donner des commentaires constructifs sur la communication verbale et non verbale de la personne qui a parlé. L'objectif est de permettre à chaque participant de mieux comprendre comment ses émotions peuvent affecter sa communication, ainsi que de lui fournir des outils pour améliorer sa prise de parole en public.

Une autre approche efficace est de proposer des séances de théâtre d'improvisation. Les exercices de théâtre d'improvisation sont conçus pour aider les participants à mieux comprendre leur propre communication verbale et non verbale. Les participants peuvent être amenés à jouer des scènes où ils doivent exprimer un large éventail d'émotions, du stress à la joie, en passant par la colère et la tristesse. Les autres membres du groupe peuvent ensuite donner des commentaires sur la communication de la personne en question, en l'aidant à comprendre comment ses émotions peuvent affecter sa communication.

Enfin, il est important de proposer des exercices pratiques pour aider les participants à mieux gérer leur stress et leurs émotions. Cela peut inclure des techniques de respiration et de méditation, ainsi que des techniques de visualisation pour aider les participants à se concentrer sur leurs objectifs et à rester calmes et confiants pendant leurs discours.

Il est aussi important de trouver des exemples concrets de discours réussis et d'analyser les techniques utilisées.

Un exemple très fort est celui de Malala Yousafzai, la jeune militante pour l'éducation des filles qui a survécu à une tentative d'assassinat par les talibans. Dans son

174

discours devant les Nations Unies en 2013, Malala a réussi à maintenir un contrôle parfait malgré l'émotion intense de son message. Elle a commencé son discours en rendant hommage à toutes les victimes de la violence et en exprimant sa gratitude d'être en vie. Elle a ensuite décrit son combat pour l'éducation des filles et a appelé à une action mondiale. Tout au long de son discours, Malala a utilisé des techniques de respiration profonde pour rester calme et concentrée, tout en maintenant un contact visuel constant avec son auditoire.

Un autre exemple de discours réussi est celui de Barack Obama, qui a prononcé un discours émouvant après la tragédie de la fusillade de Sandy Hook en 2012. Dans son discours, Obama a réussi à exprimer à la fois son chagrin et son soutien, tout en appelant à une action pour empêcher de telles tragédies à l'avenir. Il a utilisé un ton calme et respectueux, tout en soulignant l'urgence de la situation. Obama a également utilisé des pauses pour donner de l'importance à certaines phrases et pour permettre à l'émotion de se calmer.

Enfin, un exemple de discours réussi qui a été critiqué par certains est celui de Greta Thunberg aux Nations unies en 2019. Thunberg a fait un discours passionné sur l'urgence d'agir contre le changement climatique, mais certains ont critiqué son ton accusateur et ses expressions faciales. Néanmoins, il est important de noter que Thunberg a réussi à maintenir le contrôle de son message, malgré l'émotion intense de son sujet. Elle a également utilisé des techniques de respiration profonde pour rester concentrée sur son message, tout en fixant le regard sur l'auditoire.

La gestion des émotions et le maintien du contrôle sont des compétences cruciales pour réussir ses prises de parole en public. En comprenant ses propres émotions, en utilisant des techniques de respiration et de visualisation, en intégrant l'humour et en pratiquant la relaxation, vous pouvez développer la capacité de rester calme, confiant et en contrôle lors de vos discours. Cela vous permettra de communiquer de manière plus efficace, d'engager votre auditoire et d'avoir un impact durable. Alors, n'oubliez pas d'appliquer ces stratégies lors de vos prochaines prises de parole et préparez-vous à briller sur scène avec assurance et charisme.

Comprendre ses émotions : La première étape pour gérer ses émotions est de les comprendre. Prenez le temps d'identifier les émotions qui vous submergent avant et pendant votre discours. Est-ce de l'anxiété, de la peur, de l'excitation ? En comprenant vos émotions, vous pourrez mieux les gérer et les canaliser de manière positive.

La respiration comme outil de contrôle : La respiration est un outil puissant pour gérer les émotions. Lorsque vous vous sentez submergé par le stress ou l'anxiété, prenez quelques instants pour respirer profondément. Inspirez lentement par le nez et expirez par la bouche. Cela permettra de calmer votre système nerveux et de réduire les sensations de tension.

La visualisation positive : La visualisation est une technique qui consiste à imaginer mentalement une situation positive et réussie. Avant votre discours, prenez quelques instants pour vous visualiser en train de parler avec assurance et succès devant votre auditoire. Imaginez-vous recevant des applaudissements chaleureux et des sourires encourageants. Cette visualisation positive renforcera votre confiance et vous aidera à maintenir le contrôle de vos émotions.

La pratique de la relaxation : La relaxation est un moyen efficace de gérer les émotions avant un discours. Vous pouvez utiliser des techniques de relaxation telles que la méditation, le yoga ou des exercices de respiration profonde pour vous détendre et vous centrer. La pratique régulière de ces techniques vous permettra de développer une capacité naturelle à maintenir le contrôle de vos émotions.

<u>À retenir :</u>

Il est possible de réussir un discours public émotionnel en utilisant des techniques telles que la respiration profonde, le maintien du contact visuel et l'utilisation de pauses. Ces techniques peuvent aider à maintenir le contrôle du message et à éviter de perdre le fil de son discours sous l'effet de l'émotion

Chapitre VII

Les techniques de mémorisation

Découvrez des techniques pour mémoriser votre discours et être plus à l'aise lors de vos présentations.

Ainsi, la mémorisation est un élément crucial pour réussir une présentation ou un discours. Il y a plusieurs techniques de mémorisation que vous pouvez utiliser pour vous assurer que vous êtes prêt et confiant pour votre présentation.

Dans ce chapitre, nous allons découvrir 8 différentes techniques de mémorisation qui peuvent vous aider à retenir votre discours et vous sentir plus à l'aise pendant vos présentations.

La répétition :

Cette technique consiste à répéter votre discours ou votre présentation à plusieurs reprises jusqu'à ce que vous le connaissiez par cœur. Vous pouvez le faire à voix haute ou dans votre tête. Plus vous répétez, plus cela deviendra facile.

Procédez par étapes : Une fois que vous êtes à l'aise avec le contenu de votre discours, essayez de le mémoriser progressivement. Commencez par vous concentrer sur les grandes idées, puis ajoutez les détails au fur et à mesure.

La visualisation :

Pour vous aider à mieux comprendre votre discours et à vous rappeler les points clés, vous pouvez visualiser votre discours ou votre présentation dans votre esprit : cela consiste à imaginer les images ou les vidéos que vous utilisez dans votre présentation, ou à imaginer la façon dont vous allez prononcer chaque mot.

La mémorisation par association :

Il s'agit ici d'associer chaque partie de votre discours à quelque chose de significatif pour vous : si vous utilisez une citation dans votre discours, vous pouvez l'associer à une image, à un objet ou encore un mot clé qui vous rappelle la citation. Utilisez des associations qui vous semblent logiques.

Par exemple, si vous devez parler de la pollution de l'air, vous pouvez associer ce sujet à un nuage noir, à un arbre couvert de smog ou à des usines crachant de la fumée.

La mémorisation par énumération :

Cette approche repose sur la mémorisation d'éléments de votre discours ou de votre présentation dans un ordre spécifique. Vous pouvez utiliser des acronymes ou des rimes pour vous aider à vous souvenir des éléments dans l'ordre.

Supposons que vous devez présenter une liste de points importants lors d'une réunion d'entreprise. Les points sont les suivants : objectifs, stratégie, mesures, résultats et recommandations.

Analysez la liste et comprenez les points importants que vous devez mémoriser.

Créez un acronyme en utilisant la première lettre de chaque point. Dans ce cas, vous pouvez utiliser l'acronyme "OSMRR".

Associez cet acronyme à une phrase mnémonique facile à retenir en relation avec le sujet de la réunion. Par exemple, si la réunion concerne l'optimisation des performances de l'entreprise, vous pouvez vous souvenir de la phrase "Optimisation, Stratégie, Mesures pour des Résultats Réussis".

Lorsque vous présentez les points lors de la réunion, rappelez-vous de la phrase mnémonique et décomposez-la pour retrouver l'ordre des points : "Optimisation" pour les objectifs, "Stratégie" pour la stratégie, "Mesures" pour les mesures, "pour des Résultats" pour les résultats, et "Réussis" pour les recommandations.

Écrivez et répétez :

Une autre technique est d'écrire votre discours et de le répéter aussi souvent que possible. Cela vous aidera à mémoriser le texte et à vous sentir plus à l'aise en le présentant devant un public.

Il est important de ne pas simplement lire votre discours, mais de le répéter à haute voix plusieurs fois. Vous pouvez également essayer de réciter votre discours lors de vos déplacements ou pendant vos moments de détente. Plus vous répétez votre discours, plus vous le mémoriserez.

Utilisez des cartes mentales :

Les cartes mentales sont un excellent outil pour organiser vos idées et mémoriser votre discours. Il s'agit d'une méthode visuelle qui consiste à dessiner un diagramme pour représenter chaque idée clé de votre discours.

Voici une explication détaillée de la méthode :

Dessinez un cercle au centre de la page et écrivez-y le thème principal de votre discours.

Ensuite dessinez des branches qui partent du cercle central pour représenter les sous-thèmes ou les idées associées. Chaque branche peut être étiquetée avec un mot-clé ou une phrase courte pour décrire le sous-thème correspondant.

À partir de chaque branche, vous pouvez créer des sous-branches en ajoutant des informations plus détaillées ou des exemples spécifiques : utilisez des mots-clés, des images, des couleurs et des symboles pour rendre votre carte mentale plus visuelle et facile à comprendre !

Continuez à développer votre carte mentale en ajoutant de nouvelles branches et sous-branches en fonction de la complexité de votre discours. Assurez-vous de maintenir une structure claire et logique dans votre carte mentale pour que les idées soient facilement accessibles et compréhensibles.

Une fois votre carte mentale terminée, utilisez-la comme un outil de référence visuel lors de vos présentations ou de vos révisions. Elle vous aidera à vous rappeler de vos idées principales, à organiser vos pensées de manière cohérente et à rester concentré sur le sujet.

N'oubliez pas que les cartes mentales sont personnelles et peuvent être adaptées à votre propre style de pensée et de compréhension. Expérimentez avec différentes structures, couleurs et mises en page pour trouver ce qui fonctionne le mieux pour vous.

En utilisant cette méthode, vous pouvez créer une structure claire et logique pour votre discours, tout en stimulant votre créativité et votre réflexion globale.

La technique interactive des flashcards :
Prenez un jeu de cartes vierges ou utilisez des applications ou des outils en ligne qui vous permettent de créer des flashcards virtuelles. Sur chaque flashcard, écrivez une question ou un concept clé d'un côté, et la réponse ou une explication détaillée de l'autre côté.
Étudiez une flashcard à la fois : Commencez par mélanger vos flashcards et choisissez-en une au hasard. Lisez la question ou le concept écrit sur le côté avant, puis essayez de vous rappeler la réponse ou l'explication. Prenez le temps de réfléchir et de formuler votre réponse mentalement avant de la vérifier en retournant la carte.

Évaluez votre réponse : Après avoir vérifié la réponse, évaluez votre niveau de compréhension ou de mémorisation. Si vous avez répondu correctement, placez la carte dans une pile "maîtrisée". Si vous avez répondu incorrectement ou avec incertitude, placez la carte dans une pile "à revoir".

La clé de la méthode des flashcards est de réviser régulièrement les cartes que vous avez placées dans la pile "à revoir". Repassez en revue ces flashcards plus fréquemment
jusqu'à ce que vous les maîtrisiez complètement. Au fur et
à mesure que vous progressez, vous pouvez diminuer la
fréquence de révision de certaines cartes, mais assurez-
vous de les revoir de temps en temps pour consolider vos
connaissances.

Utilisez des techniques de rappel actif : Lors de la révision
des flashcards, essayez d'utiliser des techniques de rappel
actif pour renforcer votre mémorisation. Au lieu de simplement lire la réponse, essayez de formuler la réponse par
vous-même avant de la vérifier. Cela vous aidera à renforcer vos connexions mentales et à améliorer la récupération
de l'information.

Intégrez des indices visuels ou mnémoniques : Si vous avez
du mal à mémoriser certaines informations, vous pouvez
ajouter des indices visuels ou des mnémoniques sur vos
flashcards pour faciliter le rappel. Par exemple, vous pouvez utiliser des dessins, des couleurs ou des associations
mentales comme vu précédemment pour vous aider à relier
les informations à des images faciles à retenir.

Répétez le processus régulièrement : Pour que la méthode
des flashcards soit efficace, il est important de répéter régulièrement le processus de révision. Planifiez des sessions de
révision régulières et consacrez-y un temps dédié chaque
jour ou chaque semaine, en fonction de vos besoins et de
votre emploi du temps.

La méthode des flashcards est particulièrement utile pour mémoriser des définitions, des concepts, des dates, des formules ou tout autre type.

À retenir :

Répétez votre discours à plusieurs reprises jusqu'à ce que vous le connaissiez par cœur. Commencez par les grandes idées et ajoutez les détails progressivement.

Utilisez la visualisation mentale pour vous rappeler les points clés de votre discours. Imaginez les images, les vidéos et la façon dont vous prononcerez chaque mot.

Associez chaque partie de votre discours à quelque chose de significatif pour vous. Utilisez des images, des objets ou des mots clés qui évoquent les points que vous souhaitez retenir.

Mémorisez les éléments de votre discours dans un ordre spécifique en utilisant des acronymes, des rimes ou des phrases mnémoniques.

Écrivez votre discours et répétez-le à voix haute plusieurs fois pour mieux le mémoriser.

Dessinez un diagramme avec des cercles, des branches et des sous-branches pour organiser vos idées et mémoriser votre discours de manière visuelle.

Utilisez des cartes sur lesquelles vous écrivez des questions ou des concepts d'un côté et les réponses de l'autre. Étudiez une carte à la fois et révisez régulièrement.

Chapitre VIII

Gestion de l'énergie

Identifier et équilibrer vos sources d'énergie

Lors de vos prises de parole en public, il est essentiel de gérer votre énergie pour maintenir un niveau optimal tout au long de votre discours. Voici quelques conseils pratiques :

Assurez-vous d'avoir une bonne nuit de sommeil avant votre prise de parole.

Établissez une routine d'échauffement pour stimuler votre énergie et réveiller votre corps.

Prenez des pauses régulières pour recharger vos batteries et éviter la fatigue.

La respiration joue un rôle clé dans votre performance vocale et votre présence sur scène. Voici quelques techniques pour améliorer votre respiration :

Pratiquez des exercices de respiration profonde pour calmer vos nerfs et augmenter votre capacité respiratoire.

Utilisez la respiration diaphragmatique pour contrôler votre voix et projeter votre discours avec force et clarté.

Prenez des respirations conscientes pendant votre discours pour maintenir un rythme régulier et éviter la précipitation.

La concentration est essentielle pour maintenir votre attention et rester présent lors de votre prise de parole. Voici quelques astuces pour améliorer votre concentration :

Pratiquez la méditation ou d'autres techniques de pleine conscience pour entraîner votre esprit à rester centré.

Évitez les distractions avant votre discours en vous isolant dans un endroit calme.

Utilisez des techniques de visualisation pour vous imaginer en train de réussir votre discours avec confiance et succès.

. Pratiquez des techniques de relaxation, comme la respiration profonde ou les étirements, pour réduire le stress et favoriser la détente avant votre discours.

Souriez et montrez-vous décontracté sur scène pour instaurer une atmosphère positive et accueillante.

La gestion de votre énergie, en veillant à bien vous reposer et à vous échauffer, vous permettra d'aborder votre discours avec vitalité et dynamisme. La maîtrise de votre respiration vous aidera à contrôler votre voix et à projeter votre discours avec force et clarté. En cultivant votre concentration, vous serez en mesure de rester présent et de vous connecter pleinement avec votre auditoire.

En pratiquant régulièrement ces techniques et en les adaptant à votre style personnel, vous développerez une confiance inébranlable et serez prêt à relever tous les défis de la prise de parole en public. Alors, n'hésitez pas à vous investir dans votre préparation mentale et physique, et pré-parez-vous à faire de vos discours des moments inou-bliables et impactant.

<u>À retenir :</u>

Rappelez-vous toujours que la préparation et la confiance en vous sont les clés pour réussir vos prises de parole en public. Alors, préparez-vous, respirez, détendez-vous et montez sur scène avec énergie, enthousiasme et un sourire contagieux. Votre auditoire sera conquis, et vous brillerez en tant qu'orateur charismatique et inspirant.

Chapitre IX

La pratique régulière

Apprenez l'importance de la pratique régulière pour améliorer vos compétences en prise de parole en public et devenir un orateur charismatique.

Il est essentiel de pratiquer votre discours ou votre présentation autant de fois que possible avant la présentation réelle. La pratique régulière vous permettra de renforcer votre confiance, d'améliorer votre fluidité et de vous familiariser avec le contenu.

Voici quelques conseils pour vous entraîner efficacement :

Pratiquez devant un miroir : Utilisez un miroir comme public virtuel pour vous entraîner. Observez votre posture, vos gestes et votre expression faciale pendant que vous parlez. Cela vous aidera à corriger d'éventuelles erreurs de langage corporel et à améliorer votre présence sur scène.

Entraînez-vous avec des amis ou des collègues : Organisez des séances d'entraînement avec des amis ou des collègues bienveillants. Ils pourront vous donner des retours constructifs, souligner les points forts et identifier les domaines à améliorer. Pratiquer devant un public vous aidera également à vous familiariser avec l'idée de parler en public.

Utilisez des enregistrements audio ou vidéo : Enregistrez-vous pendant que vous pratiquez votre discours ou votre présentation. En écoutant ou en regardant les enregistrements, vous pourrez repérer les zones qui nécessitent des améliorations. Soyez attentif à votre ton de voix, à votre débit, à votre articulation et à votre langage corporel.

Variez les conditions d'entraînement : Essayez de vous entraîner dans des conditions similaires à celles de votre présentation réelle. Si vous allez utiliser un projecteur ou un microphone, entraînez-vous également avec ces équipements pour vous familiariser avec leur utilisation.

Les avantages de la pratique régulière

La pratique régulière offre de nombreux avantages pour améliorer vos compétences en prise de parole en public. Voici quelques avantages de la pratique régulière :

Vous vous sentirez plus à l'aise : Plus vous pratiquez, plus vous vous sentirez à l'aise en parlant en public.

Vous serez plus confiant : La pratique régulière vous aidera à renforcer votre confiance en vous et à vous affirmer avec assurance.

Vous serez plus efficace : La pratique régulière vous aidera à transmettre votre message de manière claire et efficace.

Vous serez plus préparé : La pratique régulière vous aidera à être mieux préparé pour vos interventions en public.

<u>À retenir :</u>

Fixez-vous des objectifs : Fixez-vous des objectifs pour votre pratique, comme le nombre de fois que vous voulez pratiquer chaque semaine.

Planifiez votre pratique : Planifiez votre pratique à l'avance pour vous aider à vous y tenir.

Soyez patient : Soyez patient et persévérant dans votre pratique. Les résultats ne viendront pas du jour au lendemain, mais avec le temps et la pratique régulière.

En suivant ces conseils, vous pouvez améliorer votre capacité à retenir et à présenter votre discours de manière convaincante. Vous serez mieux préparé et plus confiant lors de votre présentation réelle.

N'oubliez pas que chacune de ces techniques peut être adaptée à votre style de pensée et à votre préférence. Expérimentez et trouvez ce qui fonctionne le mieux pour vous.

Alors, entraînez-vous, répétez régulièrement et préparez-vous à briller lors de vos prochaines présentations

Partie 5

LE POUVOIR DU FEEDBACK

AFFINEZ VOS COMPÉTENCES GRÂCE AUX RETOURS

Chapitre I

La persévérance et l'adaptabilité

Soyez ouvert d'esprit et prêt à essayer de nouvelles approches pour améliorer vos compétences

Lorsque vous vous tenez devant un public, prêt à partager vos idées, vos connaissances ou vos expériences, il est naturel de ressentir une certaine appréhension. Mais ne vous inquiétez pas, car dans ces pages, nous explorerons ensemble comment la persévérance et l'adaptabilité peuvent vous aider à surmonter les obstacles et les défis qui se dressent sur votre chemin vers une prise de parole en public réussie.

La persévérance sera votre alliée face aux défis qui se présentent sur votre chemin. Nous explorerons comment transformer l'échec en opportunité, comment fixer des objectifs réalisables et comment célébrer vos petites victoires. Vous découvrirez comment la persévérance peut vous propulser vers de nouveaux sommets, même lorsque vous

faites face à des moments difficiles ou des revers inattendus.

L'adaptabilité, quant à elle, joue un rôle essentiel dans votre parcours d'orateur charismatique. Dans un monde en constante évolution, il est important de pouvoir s'adapter aux nouvelles circonstances, aux différents publics et aux évolutions technologiques. Nous vous fournirons des conseils pratiques pour sortir de votre zone de confort, être ouvert aux commentaires et aux retours, et anticiper les changements pour rester pertinent et efficace dans vos discours.

Enfin, nous ne pouvons pas oublier l'importance de l'humour dans votre parcours d'orateur charismatique. L'humour peut être une arme puissante pour captiver votre auditoire et rendre votre discours mémorable.

La persévérance, votre alliée face aux défis.
Voici quelques conseils pour développer votre persévérance :

Transformez l'échec en opportunité : Chaque erreur ou échec est une occasion d'apprendre et de grandir. Ne laissez pas les revers vous décourager, mais utilisez-les comme des tremplins vers l'amélioration.

Fixez-vous des objectifs réalisables : Définissez des objectifs spécifiques et réalistes pour votre parcours en prise de parole en public. En vous concentrant sur des étapes réalisables, vous resterez motivé et persévérant.

Célébrez vos petites victoires : Chaque progrès, aussi petit soit-il, mérite d'être célébré. Cela vous donnera un sentiment d'accomplissement et de motivation pour continuer à avancer.

L'adaptabilité, la clé de l'évolution

Dans un monde en constante évolution, l'adaptabilité est essentielle pour devenir un orateur charismatique. Voici comment cultiver votre adaptabilité :

Sortez de votre zone de confort : Explorez de nouveaux sujets, styles de discours ou formats de présentation. Cela vous permettra de développer votre agilité mentale et de vous adapter à différents contextes.

Soyez ouvert aux commentaires et aux retours : Acceptez les critiques constructives et utilisez-les comme un moyen de vous améliorer. L'adaptabilité nécessite de la flexibilité mentale et de la volonté d'apporter des changements. Anticipez les changements : Restez informé des tendances, des nouvelles technologies et des évolutions de votre domaine d'expertise. Cela vous permettra de vous adapter rapidement aux changements et de rester pertinent dans votre discours.

L'humour, votre allié charismatique

Voici des astuces pour utiliser l'humour de manière efficace :

Soyez authentique : L'humour fonctionne mieux lorsqu'il reflète votre personnalité et votre style. Ne forcez pas les blagues, mais laissez votre naturel et votre spontanéité briller à travers votre discours.

Utilisez des anecdotes humoristiques : Les histoires drôles et les anecdotes captivantes peuvent capturer l'attention de votre public et rendre votre discours plus mémorable. N'ayez pas peur de partager des moments humoristiques de votre vie.

Adaptez votre humour au public : Tenez compte de l'auditoire auquel vous vous adressez et adaptez votre humour en conséquence. Ce qui est drôle pour un groupe peut ne pas l'être pour un autre, alors soyez sensible à vos interlocuteurs.

<u>À retenir :</u>

La persévérance est votre alliée face aux défis. Transformez l'échec en opportunité, fixez-vous des objectifs réalisables et célébrez vos petites victoires. La persévérance vous permettra de surmonter les obstacles et de progresser vers une prise de parole en public réussie.

L'adaptabilité est essentielle dans un monde en constante évolution. Sortez de votre zone de confort, soyez ouvert aux commentaires et aux retours, et anticipez les changements. L'adaptabilité vous permettra de vous ajuster aux nouvelles circonstances et de rester pertinent et efficace dans vos discours.

Chapitre II

Utiliser le feedback pour s'améliorer

Apprenez à tirer parti des retours d'expérience et des feedbacks pour vous améliorer en tant que conférencier et affiner votre prise de parole en public.

Comment utiliser le feedback pour améliorer vos compétences ? Vous devez tout d'abord apprendre à recevoir et à tirer parti des commentaires de votre auditoire. Dans ce chapitre, nous allons explorer l'importance du feedback, comment le recueillir de manière constructive et comment l'utiliser pour augmenter vos performances. Préparez-vous à découvrir des conseils pratiques et des astuces, le tout avec une bonne dose d'humour !

La valeur du feedback

Le feedback est comme un miroir qui vous renvoie une image précise de votre conférence. Il vous permet de prendre conscience de vos forces et de vos faiblesses, et il offre une occasion d'apprentissage et de croissance. Même les orateurs les plus talentueux ont besoin de feedback pour se perfectionner continuellement. Alors, ne craignez pas les commentaires, mais apprenez à les accueillir avec enthousiasme.

La quête du feedback constructif

Lorsque vous cherchez du feedback, il est important de cibler des sources fiables et objectives. Demandez des commentaires à des personnes de confiance, qu'il s'agisse de collègues, de mentors ou de professionnels de votre domaine de prédilection. Évitez les critiques non constructives et les trolls en ligne. Cherchez ceux qui vous donneront des commentaires honnêtes et équilibrés, tout en respectant votre démarche.

Comment recevoir le feedback

Lorsque vous recevez du feedback, gardez à l'esprit qu'il s'agit d'une opportunité d'apprentissage et non d'une attaque personnelle. Adoptez une attitude ouverte et écoutez attentivement les commentaires. Ne prenez pas les choses de manière trop personnelle, mais utilisez plutôt ces retours pour identifier les aspects à améliorer et les points forts à développer.

Analyser et appliquer le feedback

Une fois que vous avez recueilli le feedback, prenez le temps de l'analyser de manière objective. Identifiez les tendances et les points communs dans les commentaires pour obtenir une vision globale de votre performance. Ensuite, déterminez les domaines spécifiques sur lesquels vous souhaitez travailler. Établissez un plan d'action et mettez en pratique les conseils que vous avez reçus. N'ayez pas peur d'expérimenter de nouvelles approches et de sortir de votre zone de confort.

Le pouvoir de l'auto-évaluation

En plus du feedback externe, l'auto-évaluation est également un outil puissant pour améliorer vos compétences en prise de parole en public. Enregistrez vos discours, regardez les vidéos et écoutez attentivement votre voix et votre langage corporel. Observez vos points forts et vos faiblesses, et notez ce que vous pourriez améliorer. Utilisez cette auto-évaluation pour affiner votre style, peaufiner vos gestes et développer votre présence sur scène.

Pour conclure, utilisez le feedback pour s'améliorer est essentiel, ne craignez pas les commentaires, mais accueillez-les comme des occasions d'apprendre et de grandir. Choisissez des sources fiables et objectives, adoptez une attitude ouverte et utilisez les retours pour vous perfectionner. L'auto-évaluation est également un outil précieux à utiliser en complément. Alors, n'ayez pas peur d'affronter le miroir de vos performances et de vous élever vers de nouveaux sommets. Et rappelez-vous, l'humour est toujours un allié précieux dans cette aventure !

Une vie sans examen ne vaut pas la peine d'être vécue.

Socrate

Partie 6

FICHES DE RÉVISIONS

AFFINEZ VOS COMPÉTENCES GRÂCE AUX RETOURS

Fiche de révision n°1 : Les erreurs courantes à éviter

-Manque de préparation

-Manque de confiance en soi

-Utilisation excessive de jargon ou de termes techniques

-Parler trop vite ou trop doucement

-Négliger les silences

-Ne pas regarder son auditoire

-Abuser des tics de langage

-Faire des gestes inappropriés

-Multiplier les mots galvaudés

-Remplir excessivement les supports visuels

Fiche de révision n°2 : Comment améliorer sa performance

-Pratiquer son discours à voix haute plusieurs fois avant l'événement

-Utiliser des notes ou des cartes de présentation pour se rappeler les points clés

-Utiliser des exemples concrets et des anecdotes pour illustrer les points

-Établir un contact visuel avec le public et projeter sa voix

-Être soi-même et laisser sa personnalité briller à travers le discours

Fiche de révision n°3 : Les avantages de la préparation

-Permet de mieux organiser son discours

-Aide à mieux connaître son sujet

-Donne plus de confiance en soi

-Permet de mieux anticiper les questions du public

-Permet de mieux gérer son temps de parole

L'art de prendre la parole en public nécessite toujours d'essayer de progresser ou tout du moins de ne pas oublier, les bonnes astuces, avec tout ceci vous pouvez devenir un orateur charismatique qui captive son auditoire. Dans cette dernière partie, nous allons explorer les erreurs courantes à éviter lors de vos prises de parole en public et vous fournir des conseils pratiques pour les surmonter. Préparez-vous à améliorer votre performance et à briller sur scène !

Découvrez pourquoi l'utilisation d'un discours pré-écrit peut être un piège et comment cela peut nuire à votre spontanéité et à votre connexion avec le public. Apprenez à vous préparer de manière efficace tout en laissant de la place à l'improvisation et à l'adaptation en temps réel.

Nous avons tous connu ces moments de silence gênant où les mots semblent nous échapper. Découvrez comment vaincre la terreur des blancs en utilisant des techniques simples pour reprendre le contrôle de votre discours, maintenir le flux et garder votre auditoire engagé.

Préparez-vous mentalement avant votre prise de parole en public. La visualisation, la psychologie positive, la définition de votre objectif et votre engagement sont autant d'outils que vous pouvez facilement apprendre à maîtriser.

Évitez de rédiger et d'apprendre votre prise de parole par cœur. Construisez un fil conducteur solide, avec des repères précis, et répétez votre discours plusieurs fois pour vous familiariser avec le contenu.

Utilisez des notes ou des cartes de présentation pour vous aider à vous rappeler les points clés de votre discours.

Mentionnez une variété de sujets sur lesquels les autres pourront vous interroger plus tard pour éviter les silences gênants.

Posez des questions ouvertes pour permettre à l'auditoire de participer et de relancer la conversation en cas de blanc inconfortable.

Prenez le temps de respirer et de faire des pauses régulières pour donner du rythme et de la clarté à votre discours. Négliger les silences peut rendre votre discours monotone et difficile à suivre pour votre public.

L'Overdose d'Informations : Lorsque vous êtes passionné par un sujet, il peut être tentant de vouloir tout partager en une seule fois. Découvrez comment éviter l'overdose d'informations en identifiant les points clés et en structurant votre discours de manière claire et concise. Apprenez à doser les informations pour garder votre public intéressé et attentif.

L'Ennemi des Gestes : Vos gestes et votre langage corporel jouent un rôle crucial dans votre communication. Découvrez les gestes à éviter qui peuvent nuire à votre message et apprenez à utiliser votre corps de manière expressive et cohérente pour renforcer votre discours et transmettre votre message de manière convaincante.

Le Syndrome du Robot : Rien de pire que de paraître monotone et sans émotion lors de votre prise de parole. Découvrez comment éviter le syndrome du robot en ajoutant de la vie et de l'enthousiasme à votre discours. Apprenez des techniques pour varier votre ton, utiliser des pauses

efficaces et captiver votre public avec votre énergie conta-
gieuse.

Le manque de préparation : Ne pas se préparer suffisamment peut vous laisser sans repères et vous rendre moins
confiant. Assurez-vous de bien connaître votre sujet, de
faire des recherches approfondies et de préparer une structure solide pour votre discours. La préparation vous permettra d'être plus à l'aise et de transmettre votre message
de manière claire.

La lecture monotone : Lire intégralement votre discours
sans y apporter de vie et d'émotion peut rapidement ennuyer votre auditoire. Utilisez des inflexions vocales, des
pauses stratégiques et variez votre débit pour maintenir
l'intérêt de votre public. Pratiquez la lecture à voix haute et
essayez de mémoriser les points clés pour pouvoir vous exprimer de manière plus naturelle.

Le manque d'interaction : Un discours efficace ne se limite
pas à une simple transmission d'informations. Impliquez
votre public en posant des questions, en encourageant les
échanges et en favorisant les interactions. Cela crée une expérience plus engageante et permet à votre auditoire de se
sentir partie prenante de votre discours.

Les slides surchargées : Les supports visuels tels que les
diapositives PowerPoint peuvent être utiles pour illustrer
vos propos, mais évitez de les surcharger en texte et en informations. Optez pour des visuels percutants, des graphiques simples et des mots clés pour accompagner votre
discours. Cela permettra à votre public de se concentrer sur

votre message plutôt que de lire des paragraphes entiers sur l'écran.

Le manque d'authenticité : Chercher à imiter un style ou une personnalité qui n'est pas le vôtre peut sembler artificiel et peu convaincant. Soyez vous-même, exprimez-vous avec votre propre voix et votre propre style. L'authenticité crée une connexion plus profonde avec votre public et renforce votre crédibilité en tant qu'orateur.

Conclusion : En évitant ces erreurs courantes, vous serez en mesure de surmonter les obstacles et d'améliorer votre performance en tant qu'orateur charismatique. N'ayez pas peur de faire des erreurs, car c'est ainsi que nous apprenons et grandissons. Pratiquez, préparez-vous avec soin et surtout, amusez-vous sur scène ! Rien de tel qu'une dose d'humour pour détendre l'atmosphère et conquérir votre public. Alors, préparez-vous à oser parler en public et à devenir un orateur charismatique !